中华武术典籍珍藏

「十四五」国家重点出版物出版规划项目
国家古籍工作规划项目
国家古籍整理出版专项经费资助项目

中国武术研究院院藏清抄本校释

贰

第二卷

国家体育总局武术研究院　编写
中国武术协会　审定

北京体育大学出版社

丛书策划编辑：孙宇辉　钱春华
丛书责任编辑：吴　珂
本卷责任编辑：陈春燕
本卷责任校对：田　露
封 面 设 计：王齐云
版 式 设 计：北京华泰联合图文设计制作中心

图书在版编目（CIP）数据

中国武术研究院院藏清抄本校释．第二卷，《少林拳棒枪刀谱》：卷三至卷八 / 国家体育总局武术研究院编写．-- 北京：北京体育大学出版社，2024. 5. --（中华武术典籍珍藏）. -- ISBN 978-7-5644-4120-3

Ⅰ．G852

中国国家版本馆 CIP 数据核字第 2024ZN6637 号

中国武术研究院院藏清抄本校释　第二卷
ZHONGGUO WUSHU YANJIUYUAN YUANCANG QINGCHAOBEN JIAOSHI DI-ERJUAN
国家体育总局武术研究院　编写

出版发行：北京体育大学出版社
地　　址：北京市海淀区农大南路 1 号院 2 号楼 2 层办公 B-212
邮　　编：100084
网　　址：http：//cbs.bsu.edu.cn
发 行 部：010-62989320
邮 购 部：北京体育大学出版社读者服务部 010-62989432
印　　刷：北京瑞禾彩色印刷有限公司
开　　本：880mm × 1230mm　1/32
成品尺寸：143mm × 210mm
印　　张：11.125
字　　数：238 千字
版　　次：2024 年 5 月第 1 版
印　　次：2024 年 5 月第 1 次印刷
本册定价：110.00 元
丛书定价：998.00 元

中华武术典籍珍藏·中国武术研究院院藏清抄本校释编委会

第一卷

执行主编：耿　彬

编　　委：李远伟　杨红光　杨　强

第二卷

执行主编：杨红光

编　　委：李远伟　杨　强　耿　彬

第三卷

执行主编：李远伟

编　　委：杨红光　杨　强　耿　彬

第四卷

执行主编：杨　强

编　　委：李远伟　杨红光　耿　彬

第五卷

执行主编：杨红光

编　　委：李远伟　杨　强　耿　彬

第六卷

执行主编：杨　强

编　　委：李远伟　杨红光　耿　彬

第七卷

执行主编：耿　彬

编　　委：李远伟　杨红光　杨　强

第八卷

执行主编：李远伟

编　　委：杨红光　杨　强　耿　彬

前言

武术，作为中华优秀传统文化的重要组成部分，是中华民族的智慧结晶，承载着中华民族的精神追求。自古以来，武术不仅是一种强身健体、自卫防身的技艺，更是一种修身养性、弘扬民族精神的文化载体。

习近平总书记在二〇二三年六月二日文化传承发展座谈会上的讲话中说道：『文化关乎国本、国运。只有立足波澜壮阔的中华五千多年文明史，才能真正理解中国道路的历史必然、文化内涵与独特优势』。中华民族的文化自信是建立在五千多年不间断文明传承基础上的。在推进中国式现代化建设的征程上，我们要找准中华文化的根和魂，坚定中国特色社会主义道路自信、理论自信、制度自信、文化自信。

一九八三年至一九八六年，国家体育运动委员会武术挖掘整理领导小组统一部署，各级体育运动委员会武术挖掘整理工作小组积极参与，全国八千余名专职武术工作者和业余爱好者被动员起来，开展了我国武术发展史上空前的『普查武术家底，抢救武术文化遗产』工作。经过三年努力，为收集保存武术文物、史料而开展的『献拳经拳谱、献兵械实物、献功法技艺』的『三献』活动，收集了一批文献资料、古兵器和其他实物，丰富了武术文物资料库。

拳谱典籍，作为中华文明历史长河中的珍贵文献，记录了武术的原始形态与发展脉络，它们是武术传承的见证，更是领略与参详古代武术文化思想和技艺传承的宝贵资料。然而，由于时代的变迁和语言的演变，这些拳谱对现代人来说，往往难以直接阅读和理解。因此，在新时代对这些抄本进行校释，不仅是对优秀传统文化的尊重，也是对武术发展的贡献。

本次校释工作，由国家体育总局武术研究院发起组织，精选出三十四份三十一种清代拳械技理抄本，委托郑州大学体育学院（现为河南体育学院）的多位武术学者和专家共同完成，北京体育大学出版社作为出版方协助编辑出版。他们秉持严谨求实的态度，历经长期艰苦的工作，对原稿进行了细致的校勘与注释，使这些珍贵的历史文献得以更加清晰、准确地呈现在读者面前。希望这些努力能够让更多的人了解武术的精髓，感受武术的魅力。

中华武术典籍珍藏·中国武术研究院院藏清抄本校释的顺利出版得益于二〇二三年度国家古籍整理出版专项经费的资助，这是武术类古籍编辑出版首次被该项目立项支持，体现了国家对于优秀传统文化的重视与扶持。同时，本丛书被列为『十四五』国家重点出版物出版规划项目，以及二〇二一年至二〇三五年国家古籍工作规划重点出版项目。

本丛书的出版，不仅为武术理论研究提供了『考镜源流』的史料支撑，也意味着一批清代武术珍本首次面世，对传承武术技艺、弘扬传统武术文化具有深远的影响。同时我们也要看到，对武术源流与发展的探究是一个既复杂又漫长的系统工程，武术古籍点校出版与后续的研究工作，仍然任重而道远，必须继续推进、不断深化。

武术的传承发展与中华民族的伟大复兴息息相关，从戚继光『抵御外侮』的壮志豪情，到中央国术馆『御侮图存』的精神追求，再到新时代基于文化自信的传统武术振兴实践，中华武术无疑是中国人自强不屈精神的生动体现与巩固中华文化主体性的坚强堡垒。我们愿与社会各界一起，深入探源在中华文明波澜壮阔发展历程中与之相伴相生的武术发展脉络，把武术历史研究引向深入。

饮水思源，不忘本初。本丛书的出版，离不开国家体育总局武术研究院历任领导的关心与关怀，他们的远见卓识和坚定支持，为丛书的编辑和出版奠定了坚实的基础。同时，也离不开众多国内外武术学者和专家的无私指导与贡献，在此不逐一列举。我们特别要向四十年前那些在武术挖掘整理工作中慷慨捐赠武术典籍的人士致以最诚挚的敬意和衷心的感谢。正是他们的无私奉献和慷慨支持，极大地丰富了武术历史研究的资料宝库，为武术文化的传承注入了不朽的精神。

总之，《中华武术典籍珍藏·中国武术研究院院藏清抄本校释》的出版，既是对武术文献典籍的系统梳理，也是对中华文化主体性在武术领域的深刻阐释，更是对传统武术文化的礼敬。愿本丛书的问世能够激发更多人对武术历史的兴趣与热爱，吸引更多人来保护、研究和传承这份珍贵的文化遗产。

古籍文献的整理不可能一蹴而就，本丛书必定会存在一些不足，希望读者批评指正。

国家体育总局武术研究院

二〇二四年六月

编者的话

历史是过去发生过的事情，已经一去不复返。人们既无法使历史重演，也无法回到逝去的年代，身临其境地去感受和体验当时的场景。因此，人们想了解和研究自己的过去，只能借助前人留下的各种『痕迹』。正是凭借这些『痕迹』，后人才可以追溯祖先的足迹，认识人类社会的各个发展阶段，进而探讨其历史发展的规律。前人留下的历史痕迹形式多样，除了传承下来的生活方式、手工技艺、实物遗存以及思想观念等外，还有大量的文献典籍。以文字符号为特征的文献传播，是一场巨大的社会进步，有力地推动了人类知识的积累与传承。中华典籍源远流长，浩如烟海。它们记录了中华文明的发展历程，也是中华文化的重要载体与组成部分！

武术是由华夏文明长期氤氲滋养而发展起来的传统人体活动方式，折射着漫长岁月里武林先辈的智慧和中华优秀传统文化的基本精神。多少年来，中华武术的价值取向、人文精神和活动样式，引起无数习武者『衣带渐宽终不悔』的折腰苦求，从而积淀了博大精深的文化载量和一以贯之的文化命脉，成为实现中华民族伟大复兴的重要基础。在蜿蜒的历史长河中，先辈们在为后人传承各种拳械技艺的同时，还留下了一批弥足珍贵的武术典籍。林林总总的武术典籍，有的辑录于各类官私文乘，也有的独立成册；有的付梓刊印，也有的传抄存世。但漫长的岁月荡涤与时代更迭，造成了大量武术图籍的流失和散佚。历史上，如汉书·艺文志中记录的剑道三十八篇和手搏六篇，南北朝时的马槊谱，以及明人汪伯言编撰的白打要诀六卷等，均已湮没在历史的尘埃中。宋人周密曾在齐东野语卷十二中有言曰：『世间凡物未有聚而不散者，而书为甚。』由于天灾、战乱以及人为毁坏等多种原因，历史长河里流传至今的武术文献可谓吉光片羽，为数不多，我们可于此窥得前代中华武术的技艺踪影，领略中华武术曾经的文化风采，所以武术文献典籍具有很高的学术价值。

二十世纪七十年代末，当时的国家体育运动委员会（以下简称『国家体委』）下发了一个有关武术挖掘整理工作的文件，并在稍后的一九八二年全国武术工作会议上，明确提出『做好武术挖掘整理工作』，随后成立专门机构，制定了至一九八五年底的武术挖掘整理工作计划。当时全国共有二十八个省、自治区和直辖市先后成立了武术挖掘整理工作小组〔一〕。历经三年，国家体委武术挖掘整理工作组共收到捐献的文献资料四百八十多本，古代兵器近四百件，相关实物三十余件，以及约四百小时的技术录像，充分反映出当时各界人士对于这次国家层面的武术挖掘整理工作的支持。针对其中捐献的文献资料，一九八六年时任国家体委武术研究院院长的徐才先生在全国武术挖掘整理工作总结表彰会上明确表示，要把这批文献资料收藏好、利用好，今后的工作重点是整理、研究，准备制订科研计划，以此提高武术研究水平，他还特别强调，『不能把这些宝贵资料放在柜子里尘封起来，要通过整理、

〔一〕徐才：徐才武术文集，人民体育出版社，一九九五，第二四页。

研究发表出来。』〔一〕

应该说，武术界广大人士在为这三年武术挖掘整理工作取得的成果感到高兴的同时，更为当时国家体委武术研究院领导提出的利用好这批武术文献资料的设想而深受鼓舞。因为，如果说农耕社会中传统武术的发展主要靠一种原发型的实践积累，那么进入近代社会后，其发展方式就要求转变为在理论观照下的主动推进。记得一九八六年四月，时任国家体委主任李梦华先生曾说过这样一段富有见地的话：『我国目前开展着四五十个体育项目的活动，其中包括武术。可以这样统计体育项目的数字，但这并不标志着武术位置是四十分之一或五十分之一。可不可以说它在体育中应占一半的位置。』〔二〕无疑，李梦华先生所谓的『一半』，当是指武术特有的历史文化。武术之所以不同于田径、体操、球类等运动项目而能单独成为一门具有自己的研究范畴和自成畛域的学术领域，也就在于它自身特有的历史人文背景。令人遗憾的是，长期以来的文献资料的匮乏以及相关研究的不足，已成为严重阻遏包括历史、文化在内的整个武术人文社会学科研究纵深发展的一个瓶颈，如不加以克服，显然不利于中华武术在新的历史条件下的发展；如长此以往，拥有『统之有宗，会之有元』的中华武术文化根脉就会逐渐发生动摇，中华武术的精神家园就会因此委顿！

众所周知，从事以历史学为基础的人文社会学科研究，文献史料是关键。对此，梁启超在中国历

〔一〕徐才：徐才武术文集，人民体育出版社，一九九五，第六一至六六页。

〔二〕徐才：徐才武术文集，人民体育出版社，一九九五，第九一页。

史研究法一书中曾有一个形象的比喻，他说，治玄学者与治神学者无须资料，不必以客观公认的事实为依据，而治科学者，无论是自然科学还是社会科学，『罔不恃客观所能得之资料以为其研究对象』，各学科也莫不将史料建设作为理论研究的首要任务。

近代以降，民国时期著名武术史学者唐豪编撰出版了他『殆费十余载』搜寻考订的中国武艺图籍考，该书对一些古代武术文献条分缕析，可谓是我国武术文献整理与研究的开山之作；国家体委于二十世纪五十年代，组织人力整理出版的七册中国体育史参考资料中也有部分关于武术史料方面的内容。但自此以后，武术典籍在相当长的时间里一直没有得到应有的重视，几乎成为一个武术界少有人问津、文史界又无人涉足的学术盲区。直至二十世纪八十年代中期，随着武术理论研究的展开，有关武术文献典籍的整理才引起一些学者的关注。如有人点校了戚继光的纪效新书（一九八八年），有人出版了正宗少林拳经（一九八八年）及增订手臂录（一九八九年），还有人整理、注释了太极拳谱（一九九一年）等。十多年中，武术文献典籍的出版数量有所增加，如山西科技出版社与北京科技出版社陆续出版了多种类型的武学丛书，如『老拳谱辑集丛书』『古拳谱丛书』『国术丛书』等，人民体育出版社出版了中国古典武学秘籍录（二〇〇六年）和易筋经四珍本校释（二〇一一年）等。尤其是二〇〇八年至二〇二四年间，由中国书店影印出版的民国国术期刊文献集成和百册之巨的中国武术大典，由台湾逸文武术文化有限公司影印出版的清代易筋经珍本汇辑和齐鲁书社出版的中国古代武艺珍本丛编（上、下辑）及明清武术典籍珍本辑释，二〇二四年初由北京体育大学出版社出版的民国武术文献选刊等，最为引人注目。应该说，这些武术文献的刊印对于武术文献的整理乃至相关研究所起到的作用，是不言而喻的，它们为武术学科的发展注入了新的活力。尽管以上诸书大多为文献汇集，系统整理者少，深入研究者更少，有些文本的校释还存在这样那样的不足，但任何学术领域的形成、成熟总有一个过程。值得肯定的是，武术文献的整理、研究在摆脱了长年的沉寂后终于有了启动。

对于现藏于国家体育总局武术研究院的四百多份本文，在二十世纪八九十年代，因研究之需，本人曾有机会阅览过两次。这批文本品相不一，按其形式分为刊印本与抄本两种，其年代横跨古代（清代）、近代（民国时期）和现代（一九五〇年后）三个时期。而其内容更为驳杂，其中大部分为记述各类拳械技法技理的拳谱图籍，也有早些时候各地出版的武术刊物，另有一些医治跌打损伤类的药方集，还有旨在强身的导引功法类汇辑，其中甚至夹杂数本诸如西洋拳术及空手道之秘诀等非武术类图籍。

文献典籍是中华文化的重要载体，它记录了中华民族的辉煌历程，并延续着中华民族的精神和文化血脉。然而，前代文献的种种价值，只有通过整理、阐释与研究才能得以体现，这是对『存储于原载体材料上的内容进行一次再转移与再迁徙』〔一〕，本身也是一个文本经典化的过程。对于国家体育总局武术研究院现藏的这批文献，也当作如是观。为此，本人曾以口头及书面形式，多次向国家体育总局武术研究院主管领导建议：尽快遴选有关专家来整理、注释这批文献，使其发挥应有的价值作用。经国家体育总局武术研究院领导认真研究，同意了本人的建议，决定点校四百多份文本中的抄本部分，

〔一〕耿相新：中原文献整理史稿·序二，载王钢中原文献整理史稿，中州古籍出版社，『序二』第三页。

并召集了包括本人在内的来自有关高校的一共六位专家，汇聚武术研究院，经过查阅、讨论，剔除十八份破损严重、字迹不清或无甚价值者，最后确定将甄选出的一百一十三份抄本纳入点校范围，同时委托北京体育大学出版社出版。两年后，除少数文本外，点校工作初步告一段落，国家体育总局武术研究院为此在河南登封嵩山少林寺武僧团培训基地召开了点校工作会议。

时光荏苒，数年后国家体育总局武术研究院有关负责人与我联系，希望能在之前选出的一百一十三份抄本的基础上精选出更具价值的文本，争取尽早完成点校工作，交付出版。接到任务后，我斟酌再三，确定重点点校一百一十三份抄本中的三十四份三十一种清抄本〔一〕，并题名曰『中国武术研究院院藏清抄本校释』。点校文本与点校方案经国家体育总局武术研究院领导同意后，即与郑州大学体育学院有关方面洽谈。之所以选择郑州大学体育学院来承担此项工作，是因为我五年来带领的该校课题组，刚顺利地完成了国家社科基金项目『明清少林武术古籍珍本的整理与研究』。〔二〕由这样一个较为成熟的学术团队来承担这项点校工作，质量上应该是有保证的。

在郑州大学体育学院领导的大力支持和全体团队成员的不懈努力下，中国武术研究院院藏清抄本

〔一〕三十四份清抄本，绝大多数留有年代信息，有的则由当时捐献地的相关部门出具证明，也有些无时间记录，而是依据抄本中图文风格判定，如少林拳棒枪刀谱、文武修等。

〔二〕这批明清少林武术古籍珍本，被齐鲁书社以『明清武术典籍珍本辑释』之名申报并成功入选二〇二二年度国家出版基金项目。该书于同年九月正式出版，并在二〇二三年五月荣获全国古籍出版社百佳图书（二〇二二年度）二等奖（该奖前身为『全国优秀古籍图书奖』），这也是武术学界在古籍整理出版方面的首次获奖。

校释历经十个多月时间，终于如期完成了。在讲好中国故事、弘扬民族文化、实现中华民族伟大复兴的今天，中国武术研究院院藏清抄本校释的付梓出版，当然有其多方面的社会意义。

首先，有清一代是武术发展史上的重要时期，也是古代各种武术著述蜂出并作的年代。通过对这批武术抄本的整理、注释，可以从一个方面梳理清代武术历史文化的基本概况，从而为今天的武术理论研究提供『考镜源流』的史料支撑。

其次，对于这批清代武术抄本的整理、注释，可以使中华武术的非物质文化遗产保护究竟应该『保护什么』更为清晰。同时，按照我国法律规定，武术文献本身也是中华武术非物质文化遗产保护的重要组成部分。因为『将古籍的保护纳入到非物质文化遗产的保护中非常重要，这将会形成一个完整的非物质文化遗产保护观』〔一〕，有利于非物质文化遗产项目的整体保护。

再次，这批清代武术抄本均为首次面世的珍本、孤本，具有很高的文献价值。这一方面极大地丰富了武术文献体系，对武术文献学的建立具有重要学术意义；另一方面，对相近的历史学、文化学、民俗学等研究，也有其自身的学术价值。

最后，按文献学要求对这批清代武术抄本进行整理、注释，其规模之大、内容之繁，在当代武术学术史上尚属首例。这既是对古代武术文献校释范式及学术路径的有益探索，同时也为推动武术文献学发展和繁荣我国武术理论研究起到积极作用。

〔一〕方李莉：应将古籍纳入『非遗』保护，中华读书报二〇一一年八月三十一日。

值得说明的是，在对这批清代武术抄本的校释过程中，发现有四个需要注意的地方，这恐怕也是不少清代武术抄本的共性问题：一是与传统的经、史、子、集图籍相比，这批武术抄本绝大部分无论是其版式还是绘图、书写，都显得较为粗陋，加上某些字体书写不规范，有些又过于潦草，故辨认较难；二是由于武术技艺是种动态文化，故抄本中记录的有些拳理技法今天可能已发生较大变化，有的甚至已失传，另外，文中夹杂的一些方言俚语及隐喻等，也较难理解；三是有些抄本中开列的药方，因条件所限，目前尚难甄别；四是由于在长年的流传中，一些抄本页码错乱的现象较为严重，需要参照其他相关文献加以校勘厘定。

『钩沉稽古，发微抉隐』的武术文献整理、研究是一项需要『坐冷板凳』的工作，这在武术界尚属起步阶段。所以，尽管课题组成员对此三十四份三十一种清代武术抄本本着打造『学术精品』的责任心反复核查、审阅，但必然存在一些舛误错谬之处及不尽如人意的地方，祈盼读者不吝教正，以共同推动我国武术文献学科及武术理论研究的不断成熟和进步！

周伟良

二〇二四年六月记于杭州寓所

校释凡例

一、本书整理、注释的中国武术研究院院藏清代武术抄本，均为首次面世的珍本、孤本，方法上难以用对校法进行互校，故而有的采用内容相同或相近的文本进行他校，也有的依据文中前后语义抉摘其异同；而对文中所著录的相关典籍资料，则采用原书进行核校。

二、所校释的每种文献都有一篇提要，简述有关该文本的版本特点、编撰（抄录）者基本情况及内容梗概等。

三、校释中所引用的符号：

（一）凡［ ］中的内容，为校勘出的脱文。

（二）凡（ ）中的内容，为对校勘出误文的修改。

（三）凡〈 〉中的内容，为校勘出的衍文。

（四）凡【 】中的内容，为原文本中的小字或注释。

（五）原文中所缺佚的文字，一律用□标出。

（六）如校释中文义相通而文字有异者，依原文本；如两文本文义相异，则在注释里予以说明。

（七）文本中的俗字、异体字，一律按今通用字，视情况酌情注明。

（八）对于文中难以辨识的字，则按原字剪贴注明。

四、对于一些抄本中的页码错乱现象，则按其前后内容及参考有关文献图籍予以厘定纠正。

五、本书在校释过程中所引用的今人研究成果，均注明其出处，以备查考；对于一般性古籍文献，为节省篇幅，仅注明年代、作者及文献名。

目录

少林拳棒枪刀谱

卷三、卷四

提要

少林拳棒枪刀谱，现存卷三至卷八共计六卷、三册，抄本，小楷抄写，字迹工整，无版框，亦无抄录者姓名及时间信息，据谱中图文内容，应为清代所抄。其封面为后人所加，与原文相较，存在文字颠倒的现象。此本于二十世纪八十年代全国武术挖掘整理工作中所得，捐献地与捐献人不详，现藏于中国武术研究院，院藏编号为G852.15-10。

少林拳棒枪刀谱现存的六卷，内容大抵不出明代程宗猷耕余剩技，分别为棍、枪、刀。故依该谱题名，其缺失的卷一、卷二，当是拳谱无疑。

谱中的卷三为『破棍第一路谱』至『破棍第六路谱』及其他三个破棍谱；卷四及卷五前半部分是『棍图』，其内容均辑录于耕余剩技·少林棍法阐宗；卷五后半部分及卷六前半部分为枪论，转抄于耕余剩技·长枪法选；卷六后半部分及卷七为刀论，源自耕余剩技·单刀法选；卷八是少林拳棒枪刀谱的续编，这也是此谱的特色所在。卷八前半部分，分别是『见血封喉哂（晒）药方』『熏药方』『中箭用解』，内容出自耕余剩技·蹶张心法，但后面的『金刚三昧坚固地菩萨禅行序』及『二十八则练功方法』显然来自易筋经。其内容与清代钱遵王的述古堂本易筋经基本一致，而卷八末尾的『紫凝道人跋』，与浙江省图书馆所藏王端履本易筋经的『海岱游人序』内容基本相同。然王端履本末尾题署为『中统元年秋九月海岱游人』，而此谱曰『康熙己酉冬月紫凝道人识于古肃然山之白云涧』。

少林拳棒枪刀谱卷三、卷四影印

少林拳棒刀枪谱

少林拳棒鎗刀譜卷之三

破棍第一路譜

四平搭外扎裡

法曰圈外搭圈裡肴我立四平彼搭我圈外扎我圈裡

雙封單閉

彼扎我圈裡我劈開他棍扎他圈裡或手心脇圈外皆同

封鎗鎖口

他扎我圈裡我拏開棍進步指彼咽喉

大梁鎗

他見我指咽喉扎我膝脚我用高提他棍

勾掛硬靠

他見我提棍、則起削我手我順他勢力勾掛進步走圈外

硬靠打他手

一提金

他見我棍上打手他下打我脚膝我用棍根提他前手

上封鎗

他見我提手他棍起我進步用棍梢打他手

勾掛秦王跨劍

他見我打手下打我脚膝我進步用棍根提他手他棍則起

我順他勢勾掛進步走圈裡扎他心脇

前攔格

他見我扎心脇下扎我脚膝我移右脚用棍梢提他手

護心鎗

他見我提手上扎我心我擠進拿開他棍鎖他口

滚鎗鎖口

他見我鎖口彼棚起我棍我抽棍復扎他咽喉

破棍第二路譜

外滚手黑風雁翅

我立四平他搭我圈裡扎我圈外我用外滚手勾開他棍我用雁翅偏在圈外

硬封進步鎖口

他見我勢偏在圈外他必扎我圈裡我硬封開他棍進步鎖口

腳下鎗提手

他見我鎖口下扎我膝脚我一提他扎我面心我拏開他棍扎他心面

大梁鎗勾掛烏雲罩頂

他見我扎心面他扎我膝脚我一提他棍則起削我手我則順他势力勾掛進步走圈外打他頭耳

剪步羣攔

他見我打頭耳他用棍勾開我棍我順他势力剪步跳出立羣攔

勾跨劍

他見我立群攔扎我圈外我勾開他棍立跨劍

打群攔

他見我立跨劍扎我圈裡我劈開他棍復立群攔

進步一提金

他見我復立群攔扎我圈外我攔開他棍進步入他圈外他棍下箚我脚我用棍根一提

单殺手

他見我一提他棍勾起削我手我丢放前手单手斜打他手

破棍第三路譜

太公釣魚

我立釣魚勢開圈外門户他扎我圈外

孤雁出群

我勾弩開他棍走出

鷂子撲鵪鶉

他見我走出 他隨後扎我右肩背我閃開進步斜劈他頭手

立羣攔

羣攔一封手

他見我立羣攔他扎我圈外我攔開他棍復立群攔

二换手一提金

他見我復立群攔他仍扎圈外我勾開他棍换右手在前圈外提他手他棍起我進步用棍根打他手他用棍打我脚膝

我用棍梢一提

前攔搭鎖口

他見我提手他棍起削我手我順他勢力勾掛走圈裡棍梢

扎他心脇他打我脚膝我用棍根提他手他棍起扎我心面
我用棍根拏開他棍鎖他口

破棍第四路譜

小梁鎗封鎗

我棍橫一字正面對他扎我心面我封開他棍進懸左脚

朝天鎗

他見我高懸左脚他扎我圈外我進步勾開他棍

腦後一窩蜂

我勾開他棍進步圈外打他腦後他勾開我棍我順他勢力

走圈内打他頭耳

高祖斬蛇

他見我打頭耳他閃拿下我棍

剪步群攔

我順他勢力掃打他脚剪步跳出立群攔

後攔掐前封手

他見我立群攔扎我圈外我勾開他棍進步圈外打他腦後

他将棍勾起我進步打他前手

剪步群攔

他見我打手他勾開我棍我順他勢力剪步跳出立群攔
換手打一窩蜂
他見我立群攔扎我圈外我勾開他棍換右手在前進步圈
外打他腦後
換手打烏雲罩頂
他見我打腦後他勾開我棍我順他勢力換左手在前走圈
內打他前手
抽刀不入鞘

他見我打前手他則抽棍根打我手

秦王大卸劍

他打我前手我抽棍閃過用棍根打他頭

破棍第五路譜

四平封鎗

我立四平他搭圈外扎我圈裡我拿開他棍

倒拖棘荆不留門

我拏開他棍我棍丢在後他扎我心面

空中雲磨响

我单手上撩開他棍单手下打他脚

敬德倒拉鞭

我掃他脚佯輸詐敗走出

遮天不漏雨

我詐敗走出他趕来扎我、上撩他棍下打他脚

刀出鞘

他見我打他脚他不分左右扎我面肩我单手斜劈下再收出鞘

風捲殘雲

他扎我面肩我進步攩開他棍打他手立群攔

腦後鎗

他扎我圈外我勾開他棍退步如孤雁出群勢

進步鎖

他見我退出隨我扎我、撬開他棍他扎我脚、我提開他棍扎我面我拿開他棍、偷步一提、一拏、鎖他口

破棍第六路譜

一截

我立四平他搭我圈外扎我圈裡我硬封開他棍他扎我圈外我又硬封開他棍　名曰硬封

二進

他扎我圈裡我拏開他棍

三攔

我進步硬靠他扎我圈外

四纏

我進步伏虎打他手他扎我脚

五封

我提開他棍他扎我面我拏開他棍扎他心面他亦拏開我棍扎我心面我拏開他棍剪步跳出立羣攔

六閉

他見我立羣攔扎我圈外我攔開他棍立邉攔他扎我圈裡我拏開他棍立羣攔他扎我圈外我纏圈裡拏開他棍他扎

我脚我提開他棍他扎我面我拏開他棍進步鎖他口　名

曰吃鎗還鎗烏龍翻江梨花三擺頭

破棍又

外滚手

我立四平他搭圈裡扎我圈外我用外滚手勾開他棍

圈裡鎗進步打伏虎

他見我外滚手勾開棍他扎我圈裡我進步伏虎打他手

二攔鎗通袖

他見我圈裡伏虎打他手他扎我圈外我用通袖圈外推開

他棍

三進步硬靠

他見我通袖圈外推開棍他扎我圈裡我拏開他棍進右步

騎馬硬靠打他手

四進步提拏

他見我騎馬硬靠他扎我陰膝我退右脚提開棍他扎我面

我拏開扎他一鎗

二郎担山出

扎他一鎗他拏開我用担山走出

左献花

我二郎担山走出换右手在前懸左脚立左献花他扎我

横撩打開棍

右献花

我横撩開棍换左手在前懸右脚立右献花他扎我攪纏開

棍

打羣攔

我攪纏開棍打下群攔他圏外扎我〻揭起棍開進右步用

穿袖圈外打他腦後

進步腦後一窩蜂

他見我進右步用穿袖圈外打腦後他勾開我棍

金鈎掛玉瓶

他勾我棍我將棍梢收緒用棍根打開他棍我進右步圈外

跟他左脚用棍根勾他前頸項一跌

破棍又三

外滚手

我立四平他搭圈裡扎我圈外我用外滚手勾開棍

打潜龍鎖口

他見我外滚手勾開棍他扎我圈裡我劈開棍立潜龍他扎我面或手我拏開進步鎖口

剪步羣攔

他見我鎖口他拏我棍我閃在圈外剪步跳出立羣攔

仙人掃地
他見我立群攔扎我圈外我揭起開棍单手旋風打他脚
刀出鞘一封手
他見我打脚躲過我棍我立出鞘他扎我、斜劈開棍収回
後立刀出鞘
二進步打羣攔
他見我後立刀出鞘他扎我、打開棍立群攔
腦後一窩蜂

他見我立羣攔扎我圈外我揭起開棍進右步用穿袖圈外打他腦後

截手扎一鎗出

他見我打腦後欲勾我棍我即進左步用棍截打他前手扎他圈裡一鎗

庄家亂劈柴 換右手在前

他見我扎一鎗他拏開我棍我順勢走出他跟隨扎我換右手在前回左轉身劈打開棍立順步劈山

順步劈山勢 右手在前

他見我劈下立山勢他扎我圈外

剪子股

他扎我圈外我勾開棍進左步圈裡打他頭

剪步出鳳凰單展翅

他見我打頭他欲架開我棍我截打他手順勢勾跳出立單

展翅

一提金 陰手用

他見我立展翅扎我面我進右步圈外用棍梢撩開棍他下扎我脚

上封手

他下扎我脚我用棍根提手他棍起削我手我進左步圈外用棍梢打他手

鈎掛鎖口

他見我圈外棍梢打手他圈外下打我脚我進右步圈外用棍根提他手他棍起我順勢勾掛走圈裡鎖口

破棍又

硬封三進步鎖口

我立四平他搭圈外扎我圈裡我進左步右脚梢移于左劈他前手他扎我圈外我進左步右脚梢移于右劈他前手他扎我圈裡劈開進步鎖口

劈山棍

他見我鎖口拏我棍我閃在圈外立羣攔

燕子奪窩

他見我立群攔扎我圈外我揭起推開棍順勢劈打前手直下及前脚面扎他圈外剪步跳出

後剪步西牛望月

剪步出立梢開拖戟勢乃是西牛望月

烏龍入洞

他見我西牛望月扎我圈外我攔開上右步騎馬勢入他圈外

閃賺花鎗鑚口

他見我圈外 上騎馬他攔我棍我閃賺纏拏圈裡鎖口

少林拳棒鎗刀譜卷之四

棍圖

中四平勢

中四平勢真可奇
神出鬼沒不易知
闔闢縱橫隨意變
諸勢推尊永不移

低四平势

四平低势上着

白蛇弄風拿捉

任伊左右劈来

邉羣二攔随作

棍高可扎前棒

惟怕搭袖高削

高搭手

搭手單提

均是哄手

後手提根

劈拏皆有

单提手势

金鷄獨立勢

彼扎足兮我扎面
唯懸足兮獨立便

倒拖荆棘勢

扎人一鎗棍丢後
此是逢局稱詐開
打前走後有多般
均與拉鞭無差謬

二郎担山

担山勢用兩般

扎來撩打變出

鞘不扎推開劈

華山

鳳凰单展翅勢

展翅势開用者希
上用梢攔下根提
進步翻梢隨打手
此着須用陰手攜

下插勢

旋風掃地勢難挺
唯有下插硬搪抵
順勢單手高劈下
重如霹靂快如矢

挾衫勢

挾衫變勢甚多端
斜上出洞為最速

一提金勢

入懷難用長棍

故取陰手緊密

圈外須用棍根

進步打手最疾

六

秦王跨劍勢

提金翻棍臍進懷

秦王跨劍棍緊挨

前攔搪勢

前攔搪亦陰手棍起
梢壓封翻根進打首

勾掛硬靠勢

前攔搪勢打圈裡
勾掛硬靠走圈外

鎖口鎗勢

攔搪提下鎗
鎖口封上手

卷四

八

鉄扇緊関門势

鉄扇畧似抱琵琶

風梢順步提捉進

穿袖势

圈外势難當
穿袖推開妙
拏攔避裡鎗
退步人難料
上脚打旋風
定势刀出鞘

仙人坐洞势

穿袖上外鎗
鎗来坐洞躲
躲過便拨鎗
单手疾如火

披身勢

圈内先須蕻哄鎗
順勢披身亦不廹
他上提穿末逼我
拖戟退時隨手格
回身右步推向前
便成騎馬敵人側

烏龍翻江勢

先立犀攔左右拏
再用翻江方淂利
他棍不論假和真
我纏棍底盡拏捉
左拉右拉步緊跟
還鎗跳出尤拏着

呂布倒拖戟勢

抽身拖戟是退勢
門戶在梢分開閉
進步捉拿均四平
攔開騎馬圈外濟
欲知单手進扎入
唯有梢開方可制

飛天叉勢

飛天叉圈外防穿提須用纏捉救虎口鎗末伏虎攔此勢手與翻江異變換出入皆一般

陳香劈華山勢

劈山右手前
打下明放隙
圈外乘我虛
順勾隨順劈

順步劈山勢

圈外立劈山
陰拳順推出
跟棍削前拳
快似剪子股

剪子股势

手不同兮用不同
剪子股势類穿袖
提拏不怕扎高低
劈扎何愁攻左右
圈裡圈外他拏開
劈山劈柴我退殺

庄家亂劈柴勢

劈柴換手圈裡認

右纏右劈那進步

黑風雁翅勢

雁翅先公圈外鎗

鎖口扎末掤打易

高提勢

提棍要過頭
他起我便勾
跟棍上圈外
罩頭打不休

烏雲罩頂勢

罩頂在圈外身已入棍閒

膀下他勾我剪步退群攔

通袖勢

通袖势真個奇上下左右無空着提拿劈捉任施為縱他左右能拿劈邊群一攔順势支

劈勢

劈勢立自磨旗特輸後手
餌入鎗來縮手一劈被即
遮躲何及

霸王上弓勢

上弓掤打鴈翅同
須知左足虛實異
若從圈裡賺外穿
唯有纏攔是救地

朝天鎗勢

朝天三不靜以柔制剛同
勾開打腦後右換一窩蜂
待他回棍打高祖斬蛇雄
他拏我掃脚羣攔出待攻

金剛抱琵琶勢

扎我虛寔難知退步穿勾直哄認真推棍劈下圈外鎗末尤恐新力于此急求生顛步平拏堪罷

跨劍勢

跨劍放空待人扎
打出移步變群攔
他扎勾開復跨劍
斜上單打防最難

左獻花势

左足高懸左献花
横打换手右献花
左纏右打㧞𢷛進
右纏右打穿袖加

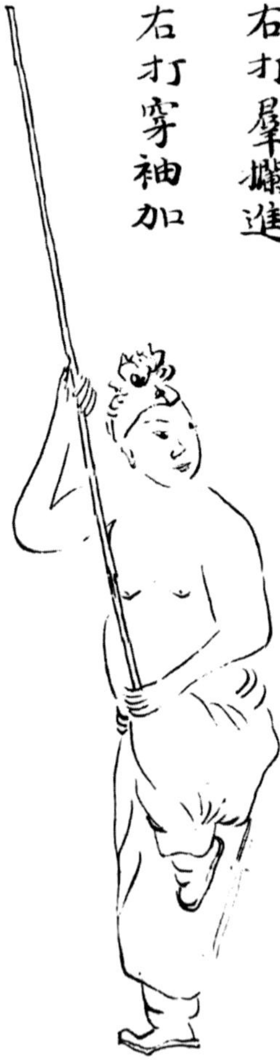

少林拳棒枪刀谱卷三、卷四校释

少林拳棒枪刀谱卷之三

破棍第一路谱

四平〔一〕，**搭外扎里**

法曰：圈外〔二〕搭，圈里看，我立四平，彼搭我圈外，扎〔三〕我圈里。

双封单闭

彼扎我圈里，我劈开他棍，扎他圈里，或手、心、胁。圈外皆同。

封枪锁口

他扎我圈里，我拿〔四〕开棍，进步指彼咽喉。

〔一〕四平，枪术要求，指顶平、肩平、枪平、脚平。顶平指头正颈直；肩平指沉肩坠肘，肩平则身正，身正则势稳，势稳则法活；枪平指双手与枪尖成水平线，枪平则易攻易守，出枪迅速有力；脚平指双脚用力踏地，全脚着地实而不虚。（中国武术大辞典编辑委员会编著中国武术大辞典，人民体育出版社，一九九〇，第三二八页。）

〔二〕圈外，武术枪法术语，以左腿在前，左手持枪后三分之一，右手持枪根的左势高四平为例，左侧为圈外，右侧为圈里。

〔三〕扎，指扎枪，直线型枪法，力由根生，力达枪头，直刺对方。

〔四〕拿，指拿枪，封枪的方法，是一种防守型枪法，或称『吃枪还枪』的招法。枪尖向右下方画圆，高不过头，低不过胯，枪杆紧贴腰部，力由根生传至腰间，力达枪尖。拿枪和拦枪共同组成一个圆，用于防圈里、圈外的进攻型枪法，是枪术中最重要的防守方法。明代戚继光纪效新书·长兵短用说篇云：『你扎我，我拿枪。你扎我，我拦枪。』

大梁枪

他见我指咽喉，扎我膝脚，我用高提〔一〕他〔二〕棍。

勾挂硬靠

他见我提棍，棍则起削我手。我顺他势力，勾挂进步，走圈外，硬靠，打他手。

一提金

他见我棍上打手，他下打我脚膝，我用棍根提他前手。

上封枪

他见我提手，他棍起，我进步，用棍梢打他手。

勾挂秦王跨剑

他见我打手，下打我脚膝，我进步用棍根提他手，他棍则起，我顺他势，勾挂进步走圈里，扎他心胁。

前拦格〔三〕

他见我扎心胁，下扎我脚膝，我移右脚，用棍梢提他手。

〔一〕提，指提枪，防守型枪法，用来防御对方向我圈里扎来的下部枪。我枪在离对方前手外尺半处将敌枪开于我右侧，提法的枪根要径直超过头部。

〔二〕他，耕余剩技·少林棍法阐宗（后文简称少林棍法阐宗）作『彼』字，此谱中多用『他』代替『彼』，不再逐一注出。

〔三〕格，少林棍法阐宗作『搪』字。搪，抵挡，如『搪饥』『搪风』。下文『前拦格锁口』『后拦格前封手』中的『格』字，少林棍法阐宗亦作『搪』字，不再逐一注出。

护心枪〔一〕

他见我提手，上扎我心，我挤进拿开他棍，锁他口。

滚枪锁口

他见我锁口，彼棚（掤）〔二〕起我棍，我抽棍，复扎他咽喉。

破棍第二路谱

外滚手黑风雁翅

我立四平，他搭我圈里，扎我圈外，我用外滚手，勾开他棍，我用雁翅偏在圈外。

硬封进步锁口

他见我势偏在圈外，他必扎我圈里，我硬封开他棍，进步锁口。

脚下枪提手

他见我锁口，下扎我膝脚，我一提，他扎我面心，我拿开他棍，扎他心面。

〔一〕护心枪有一个变化，是用枪根防守扎心脏的枪。

〔二〕棚，据文义，应为『掤』字之误，意为身退手起，两手向上发力。后同。

大梁枪勾挂乌云罩顶

他见我扎心面，他扎我膝脚，我一提，他棍则起削我手〔一〕，我则顺他势力勾挂进步，走圈外打他头耳。

剪步群拦〔二〕

他见我打头耳，他用棍勾开我棍，我顺他势力，剪步跳出，立群阑（拦）〔三〕。

勾跨剑

他见我立群拦，扎我圈外，我勾开他棍，立跨剑。

打群拦

他见我立跨剑，扎我圈里，我劈开他棍，复立群拦。

进步一提金

他见我复立群拦，扎我圈外，我拦开他棍，进步入他圈外，他棍下帚（扫）〔四〕我脚，我用棍根一提。

〔一〕此处即为剃法，我棍贴对方棍滑动，攻击对方手。

〔二〕群拦，少林棍法阐宗作『裙拦』，拦枪的一种。我从圈里扎枪，对方拦枪于我身后，我则斜进步，下蹲降重心，等待对方枪扎我上盘或下盘，我用上掤或下压的群拦方法，破坏对方进攻。

〔三〕阑，据文义，当作『拦』字。

〔四〕帚，据文义，应为『扫』字之误。

单杀手

他见我一提，他棍勾起削我手，我丢放前手，单手斜打他手。

破棍第三路谱

太公钓鱼

我立钓鱼势，开圈外门户，他扎我圈外。

孤雁出群

我勾拿开他棍，走出。

鹞子扑鹌鹑

他见我走出，他随后扎我右肩背，我闪开进步，斜劈他头手，立群拦。

群拦一封手

他见我立群拦，他扎我圈外，我拦开他棍，复立群拦。

二换手一提金

他见我复立群拦，他仍扎圈外，我勾开他棍，换右手在前，圈外提他手。他棍起，我进步，用棍根打他手，他用棍打我脚膝〔一〕，我用棍梢一提。

〔一〕他用棍打我脚膝，少林棍法阐宗作『彼棍打我膝脚』。

前拦挌（格）〔一〕锁口

他见我提手，他棍起削我手，我顺他势力，勾挂走圈里，棍梢扎他心胁。他打我脚膝，我用棍根提他手。他棍起扎我心面，我用棍根拿开他棍，锁他口。

破棍第四路谱

小梁枪封枪

我棍横一字正面对，他扎我心面，我封开他棍，进悬左脚。

朝天枪

他见我高悬左脚〔二〕，他扎我圈外，我进步勾开他棍。

脑后一窝蜂〔三〕

我勾开他棍，进步圈外打他脑后，他勾开我棍，我顺他势力，走圈内打他头耳。

高祖斩蛇

他见我打头耳，他闪，拿下我棍。

〔一〕挌，疑为『格』字之误。后同。

〔二〕脚，少林棍法阐宗作『足』字。

〔三〕脑后一窝蜂，此技法在今西北棍中还有，但是方法已经异化。

剪步群拦

我顺他势力，扫打他脚，剪步跳出，立群拦。

后拦格（格）前封手

他见我立群拦，扎我圈外。我勾开他棍，进步圈外打他脑后。他将棍勾起〔一〕，我进步打他前手。

剪步群拦

他见我打手，他勾开我棍，我顺他势力，剪步跳出，立群拦。

换手打一窝蜂

他见我立群拦，扎我圈外，我勾开他棍，换右手在前，进步圈外打他脑后。

换手打乌云罩顶

他见我打脑后，他勾开我棍，我顺他势力，换左手在前，走圈内打他前手。

抽刀不入鞘

他见我打前手，他则抽棍根打我手。

秦王大卸剑

他打我前手，我抽棍闪过，用棍根打他头。

〔一〕他将棍勾起，《少林棍法阐宗》作「彼棍将勾起」。

破棍第五路谱

四平封枪

我立四平，他搭圈外，扎我圈里，我拿开他棍。

倒拖棘荆（荆棘）〔一〕不留门

我拿开他棍，我棍丢在后，他扎我心面。

空中云磨响

我单手上撩开他棍，单手下打他脚。

敬德倒拉鞭

我扫他脚，佯输诈败走出。

遮天不漏雨

我诈败走出，他赶来扎我，我上撩他棍，下打他脚。

刀出鞘

他见我打他脚〔二〕，他不分左右扎我面肩，我单手斜劈下，再收出鞘。

〔一〕棘荆，少林棍法阐宗作『荆棘』，当是。

〔二〕他见我打他脚，少林棍法阐宗作『彼见我收出鞘』。

风卷残云

他扎我面肩，我进步搅开他棍，打他手，立群拦。

脑后枪

他扎我圈外，我勾开他棍，退步如孤雁出群势。

进步锁「口」〔一〕

他见我退出，随我扎我，我搅开他棍；他扎我脚，我提开他棍；扎我面，我拿开他棍。偷步〔二〕一提一拿锁他口。

破棍第六路谱

一截〔三〕

我立四平，他搭我圈外，扎我圈里，我硬封开他棍；他扎我圈外，我又硬封开他棍，名曰『硬封』。

〔一〕口，据少林棍法阐宗所补。

〔二〕偷步，传统武术常见步法术语，疑为武术中的『插步』。

〔三〕截，防守型枪法的一种。对方从我枪下正中扎我手背或腹部，我封闭提拿皆来不及用，只能侧身横枪，将对方来枪下压截下，然后贴枪上削对方手臂。

二进〔一〕

他扎我圈里，我拿开他棍。

三拦〔二〕

我进步硬靠，他扎我圈外。

四缠〔三〕

我进步伏虎打他手，他扎我脚。

五封〔四〕

我提开他棍，他扎我面；我拿开他棍，扎他心面；他亦拿开我棍，扎我心面。我拿开他棍，剪步跳出，立群拦。

〔一〕进，步法，指步法应紧进而有章法。

〔二〕拦，指拦枪，枪尖和枪身前段由内向外画螺旋弧线，用于防守对方的直线型枪法。拦枪时要求前手外翻，枪杆紧贴腰身，借助腰身发力。拦枪，根据对方枪进我面前和身后两部位，采用合理动作，分为边拦和群拦两种。

〔三〕缠，枪法的一种，动作如绳子缠物一样，双手固定枪根藏于腰，枪尖画圆如碗口粗，动作高不过肩，低不过胯。

〔四〕封，防守、防中带攻型枪法。以左势顺势（左手在前正把阳握，右手握把，左腿在前）的中四平枪势为例，对方扎中盘（胸、右肩等），我略向左侧引枪，后左手臂和手内旋前压，右手上提跟进前送，使枪头部位呈弧形运动轨迹磕击对方进枪，进而在封住我门户的同时，用直线型枪法进攻对方。『封』和『闭』应为方法相同、方向相反、进攻效果相同的防守或防中带攻型枪法。

六闭

他见我立群拦，扎我圈外，我拦开他棍，立边拦。他扎我圈里，我拿开他棍，立群拦。他扎我〔一〕圈外，我缠圈里，拿开他棍。他扎我脚，我提开他棍。他扎我面，我拿开他棍，进步锁他口，名曰『吃枪还枪、乌龙翻江、梨花三摆头』。

破棍又［二路谱］〔二〕

外滚手

我立四平，他搭圈里，扎我圈外，我用外滚手勾开他棍。

圈里枪，进步打伏虎

他见我外滚手勾开棍，他扎我圈里，我进步伏虎打他手。

二拦枪通袖

他见我圈里伏虎打他手，他扎我圈外。我用通袖，圈外推开他棍。

三进步硬靠

他见我通袖，圈外推开棍，他扎我圈里，我拿开他棍，进右步，骑马硬靠，打他手。

〔一〕我，少林棍法阐宗中无此字。

〔二〕二路谱，据少林棍法阐宗所补。

四进步提拿

他见我骑马硬靠，他扎我阴膝，我退右脚提开棍。他扎我面，我拿开，扎他一枪。

二郎担山出

扎他一枪，他拿开，我用担山走出。

左献花

我二郎担山走出，换右手在前，悬左脚立左献花。他扎［我］〔一〕，我横撩打开棍。

右献花

我横撩开棍，换左手在前，悬右脚立右献花。他扎［我］〔二〕，我搅缠开棍。

打群拦

我搅缠开棍，打下群拦。他圈外扎我，我揭起棍开（开棍）〔三〕，进右步，用穿袖圈外打他脑后。

进步脑后一窝蜂

他见我进右步，用穿袖圈外打脑后，他勾开我棍。

〔一〕我，据文义及少林棍法阐宗所补。
〔二〕我，据文义及少林棍法阐宗所补。
〔三〕棍开，据文义及少林棍法阐宗，当作『开棍』。

金钩挂玉瓶

他勾我棍，我将棍梢收绪（缩）〔一〕，用棍根打开他棍，我进右步，圈外跟他左脚，用棍根勾他前颈项一跌。

破棍又［四路谱］〔二〕

外滚手

我立四平，他搭圈里，扎我圈外，我用外滚手勾开棍。

打潜龙锁口

他见我外滚手勾丌棍，他扎我圈里，我劈开棍立潜龙。他扎我面或手，我拿开，进步锁口。

剪步群拦

他见我锁口，他拿我棍，我闪在圈外，剪步跳出，立群拦。

仙人扫地

他见我立群拦，扎我圈外，我揭起开棍，单手旋风打他脚。

〔一〕绪，少林棍法阐宗作『缩』字，当是。
〔二〕四路谱，据少林棍法阐宗所补。

刀出鞘一封手

他见我打脚，躲过我棍，我立出鞘。他扎我，我斜劈开棍，收回，复立刀出鞘。

二进步打群拦

他见我复立刀出鞘，他扎我，我打开棍，立群拦。

脑后一窝蜂

他见我立群拦，扎我圈外，我揭起开棍，进右步用穿袖，圈外打他脑后。

截手扎一枪出

他见我打脑后，欲勾我棍，我即进左步，用棍截打他前手，扎他圈里一枪。

庄家乱劈柴【换右手在前】

他见我扎一枪，他拿开我棍，我顺势走出，他跟随扎，我换右手在前，回左转身劈打开棍，立顺步劈山。

顺步劈山势【右手在前】

他见我劈下立山势〔一〕，他扎我圈外。

剪子股

他扎我圈外，我勾开棍，进左步圈里打他头。

〔一〕他见我劈下立山势，少林棍法阐宗作『彼见劈下立劈山』。

剪步出，凤凰单展翅

他见我打头，他欲架开我棍，我截打他手，顺势勾跳出，立单展翅。

一提金【阴手用】

他见我立展翅，扎我面，我进右步，圈外用棍梢撩开棍，他下扎我脚。

上封手

他下扎我脚，我用棍根提手。他棍起削我手，我进左步，圈外用棍梢打他手。

钩挂锁口

他见我圈外棍梢打手，他圈外下打我脚，我进右步，圈外用棍根提他手，他棍起，我顺势勾挂，走圈里锁口。

破棍又［六路谱］〔一〕

硬封，三进步锁口

我立四平，他搭圈外，扎我圈里。我进左步，右脚梢（稍）〔二〕移于左，劈他前手。他扎我圈外，我进左步，右脚梢（稍）移于右，劈他前手；他扎我圈里，劈开进步锁口。

〔一〕六路谱，据少林棍法阐宗所补。

〔二〕梢，据文义，当作『稍』字。后同。

劈山棍

他见我锁口，拿我棍，我闪在圈外，立群拦。

燕子夺窝

他见我立群拦，扎我圈外，我揭起推开棍，顺势劈打前手，直下及前脚面，扎他圈外，剪步跳出。

后剪步西（犀）〔一〕牛望月

剪步出，立梢开拖戟势，乃是西（犀）牛望月。

乌龙入洞

他见我西（犀）牛望月，扎我圈外，我拦开上右步骑马势，入他圈外。

闪赚花枪锁口

他见我圈外上骑马，他拦我棍，我闪赚缠拿，圈里锁口。

〔一〕西，据文义，应为『犀』字之误。后同。

少林拳棒枪刀谱卷之四

棍图〔一〕

中四平势

中四平势真可〔二〕奇，神出鬼没不易知。阖辟〔三〕纵横随意变，诸势推尊永不移。

〔一〕卷四、卷五的棍图共有五十二势，源自少林棍法阐宗，但该书有五十五势。（周伟良：武术文献史料论稿，逸武武术文化有限公司，二〇一五，第一六九至一七〇页。）

〔二〕可，少林棍法阐宗作『个』字。

〔三〕阖，说文解字·门部：『阖，闭也。』辟，说文解字·门部：『辟，开也。』

低四平势

四平低势上着，白蛇弄风拿捉。任伊左右劈来，边群二拦随作。棍高可扎前棒（拳）〔一〕，惟怕搭袖高削。

高搭手

搭手单提，均是哄手。后手提根，劈拿皆有。

〔一〕棒，少林棍法阐宗作『拳』字，当是。

单提手势〔一〕

金鸡独立势

彼扎足兮我扎面，唯悬足兮独立便。

〔一〕此势只有图，无文字。

倒拖荆棘势

扎人一枪棍丢后，此是逆局称诈开（斗）〔一〕。打前走后有多般，均与拉鞭无差谬。

二郎〔二〕担山

担山势，用两般，扎来撩打变出鞘〔三〕，不扎推开劈华山。

〔一〕开，少林棍法阐宗作「斗」字，当是。

〔二〕二郎，据下文「劈华山」推测，此处「二郎」当指小说、戏曲中的人物二郎神，在戏曲宝莲灯中二郎神是华山圣母（三圣母）的兄长，沉香的舅舅。明代清源妙道显圣真君一了真人护国佑民忠孝二郎开山宝卷记载有「二郎担山赶太阳」的神话。

〔三〕扎来撩打变出鞘，即撩打后成刀出鞘势。

凤凰单展翅势

展翅势开用者希（稀）〔一〕，上用梢拦下根提。
进步翻梢随打手，此着须用阴手携。

下插势

旋风扫地势难挺（拟）〔二〕，唯有下插硬搪抵。
顺势单手高劈下，重如霹雳快如矢。

〔一〕希，据文义，当作『稀』字。
〔二〕挺，少林棍法阐宗作『拟』字，当是。

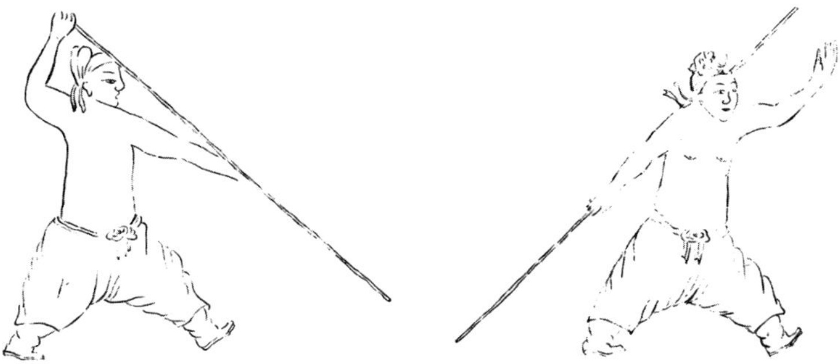

挟衫势

挟衫变势甚多端，斜上出洞为最速。

一提金势

入怀难用长棍，故取阴手紧密。

圈外须用棍根，进步打手最疾。

秦王跨剑势

提金翻棍脐（挤）[一]进怀，秦王跨剑棍紧挨。

前拦搪势

前拦搪，亦阴手，

棍起梢压封，翻根进打首。

[一] 脐，少林棍法阐宗作『挤』字，当是。

勾挂硬靠势

前拦搪势打圈里，勾挂硬靠走圈外。

锁口枪势

拦搪提下枪，锁口封上手。

铁扇紧关门势

铁扇略似抱琵琶，风（用）〔一〕梢顺步提捉进。

穿袖势

圈外势难当〔二〕，穿袖推开妙。群拦避里枪，退步人难料。上脚打旋风，定势刀出鞘。

〔一〕风，少林棍法阐宗作『用』字，当是。

〔二〕当，有阻挡、抵挡之意。玉篇·田部：『当，敌也。』左传·桓公五年：『郑子元请为左拒，以当蔡人、卫人；为右拒，以当陈人。』西游记第五十二回：『普天神将皆无敌，十万雄师不敢当。』后文不再逐一注释。

仙人坐洞势

穿袖上外枪，枪来坐洞躲。
躲过便发枪，单手疾如火。

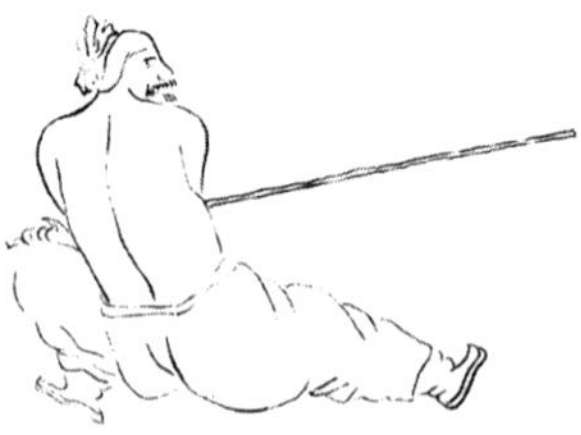

披身势

圈内先须发哄枪，顺势披身示不迫。
他上提穿来逼我，拖戟退时随手格。
回身右步推向前，便成骑马敌人侧。

乌龙翻江势

先立群拦左右拿，再用翻江方得利。他棍不论假和真，我缠棍底尽拿捉〔一〕。左拉右拉步紧跟，还枪跳出尤拿着。

吕布倒拖戟势

抽身拖戟是退势，门户在梢分开闭。进步捉拿均四平，拦开骑马圈外济〔二〕。欲知单手进扎入〔三〕，唯有梢开方可制。

〔一〕我缠棍底尽拿捉，即在对方棍底向上发力。

〔二〕拦开骑马圈外济，近似披身、转身退势，回身上右步去圈外攻击。

〔三〕入，少林棍法阐宗作『人』字。

飞天乂（叉）〔一〕势

飞天乂（叉），圈外防，穿提须用缠捉救。虎口枪来伏虎拦，此势手与翻江异，变换出入皆一般。

陈香〔二〕劈华山势

劈山右手前，打下明放隙。圈外乘我虚，顺勾随顺劈。

〔一〕乂，据少林棍法阐宗，应为『叉』字之误。后同。

〔二〕陈香，即小说、戏曲中的人物沉香，元代张时起著有杂剧沉香太子劈华山，沉香劈华山救母的故事广泛流传于说唱文学中，并被改编为多种戏曲剧目，如宝莲灯等。

顺步劈山势

圈外立劈山，阴拳顺推出。
跟棍削前拳，快似剪子股。

剪子股势

手不同兮用不同，剪子股势类穿袖。
提拿不怕扎高低，劈扎何愁攻左右。
圈里圈外他拿开，劈山劈柴我退杀〔一〕。

〔一〕杀，少林棍法阐宗作「救」字。此句反映用棍梢击打的变化。

庄家〔一〕乱劈柴势

劈柴换手圈里认，右缠右劈那（挪）〔二〕进步。

黑风雁翅势〔三〕

雁翅先勾圈外枪，锁口扎来崩打易。

〔一〕庄家，村民、农夫。水浒传第四回：『那庄家连忙取半只熟狗肉，捣些蒜泥，将来放在智深面前。』

〔二〕那，据文义，当作『挪』字。后同。此句反映左、右进步缠、劈法。

〔三〕『黑风雁翅势』后，少林棍法阐宗另写有『其棍横在左膝胯旁』。

高提势

提棍要过头，他起我便勾。
跟棍上圈外，罩头打不休。

乌云罩顶势

罩顶在圈外，身已入棍间。
劈下他勾我，剪步退群拦。

通袖势

通袖势，真个奇，上下左右无空着，提拿劈捉任施为。纵他左右能拿劈，边群一〔一〕拦顺势支（变）〔二〕。

劈势

劈势立自磨旗，特输后手饵入。枪来缩手一劈，被（彼）〔三〕即遮躲何及。

〔一〕一，少林棍法阐宗作『二』字。
〔二〕支，据文义及少林棍法阐宗，应为『变』字之误。
〔三〕被，少林棍法阐宗作『彼』字，当是。

霸王上弓势〔一〕

上弓崩打雁翅同，须知左足虚实异。
若从圈里赚外穿，唯有缠拦是救地。

朝天枪势

朝天三不静，以柔制刚同。
勾开打脑后，右换（名唤）〔二〕一窝蜂。
待勾回棍打，高祖斩蛇雄。
他拿我扫脚，群拦出待攻。

〔一〕『霸王上弓势』后，少林棍法阐宗另写有『其棍横在左膝上』。

〔二〕右换，少林棍法阐宗作『名唤』，当是。

金刚抱琵琶势

扎我虚实难知，退步穿勾直哄。认真推棍劈下，圈外枪来尤恐。新力于此急求生，颠步平拿堪宠。

跨剑势〔一〕

跨剑放空待人扎，打出移步变群拦。他扎勾开复跨剑，斜上单打防最难。

左献花势

左足高悬左献花，横打换手右献花。左缠右（左）〔二〕打群拦进，右缠右打穿袖加。

〔一〕跨剑势，此势是左脚在前，右手在前。

〔二〕右，少林棍法阐宗作『左』字，当是。

少林拳棒枪刀谱

卷五、卷六

少林拳棒枪刀谱卷五、卷六影印

少林拳棒鎗刀譜卷之五

棍闡

右獻花

儘頭鎗勢

儘頭鎗與提原異
偷步上斜行極利
虎口鎗示我不防
待乘虛巧拏難避

單手扎鎗勢

持棍須識合陰陽扎
人單手最為良前手
放時後手盡一寸能
長一寸强陽出陰収
防護救順立二攔収
敗鎗扎人如無此着
妙中平一點是鎗王

高搭袖勢

勢名搭袖棍壁立
前虛後實在呼吸
側身斜劈非真劈
顛步平拏圈外入
力弱勢低不吾降
惟怕鵪鶉单打急

邊攔勢

左號邊攔右羣攔
兩邊拿扎不為難
唯有穿提柔勢妙
防他左右棍頭鑽

拿攔勢

伏虎势

伏虎頭高不易推
挨梢即進莫徘徊
左右扎我劈打易
高低扎我捉提開
搭袖势来雖可畏
猶有四平堪取裁

定膝勢

定膝立势似伏虎
劈拏捉打我為主
倘遇搭袖高打来
順變二攔来救補

潛龍勢

潛龍棍首落
諸勢以静降
四路無空着
唯防虎口鎗

鉄牛耕地勢

鉄牛耕地甚剛强
掤上打下最難當
撲鵪鶉禾硬打硬
莫若變勢另思量

孤雁出羣勢

圈外有敗鎗孤雁出羣走回打撲鵪鶉無論单雙手

其棍横在左膝上或单手雙手以便劈打

敬德倒拉鞭势

圈裡有敗鎗拉鞭走救護
風捲殘雲入刀出鞘回顧
雙手劈開鎗群攔進左步

刀出鞘势

刀出鞘棍在後单手
棍打入拉鞭向後走
再進風捲殘雲依舊
出鞘单手

地蛇鎗勢

高鎗扎面不攔遮
他蛇伏下最為嘉
他用提鎗偷步進
死蛇變作活蛇誇

提鎗勢

提主降抵鎗
棍起任拏捉
難測彼穿提
甚勿漫相角

提馬勢

騎馬非順步
推開上右足
穿袖雖可拏
不如伏虎速

長鎗序

羆名鎗者即古之丈八矛也其法遵楊家然未稽楊家之為何時人也而宋寧宗時有紅祅賊李全善用鐵鎗後敗妻楊氏謂鄭衍德等曰二十年棃花鎗天下無敵今鎗中有梨花擺頭之名豈其人歟豈以其藝之高而不以人廢歟若稽𡨋則有望於慱洽君子矣世人尊鎗為藝中之王盖亦以長技無踰于此惟有河南李克復善其技即所傳亦在有差訛無從凴考惟河南鎗與别不同所用木桿體長而重非轉巧妙莫能運動而制勝

之方其妻亦唯以中平為主雖有棚拏勾捉等法深思臨敵侵掠可望常勝者無過大封大劈為最上何也詢曾臨敵者云鬪殺之際人心慌亂唯以其鎗擊地而已此非平日演習之過乃慌忙之際常情耳今大封大劈有類於擊地之常情而借地之勢反易於起扎且扎入有力是便于吃鎗還鎗也故曰最上封劈之後即以還鎗為最急如敵人扎我圈裡我即拏封至地鎗頭頻起借力一鎗扎去敵人格開復又扎来我又照前扎法圈外皆同無暇有別着故曰最急進退鬪殺即以鳳點頭為最疾

如敵人敗走我將鎗頭點地或閃左或閃右趕進將近扎敵一鎗如彼敵人格開趕来我即將鎗頭拖拉點地退走離遠即有救手者敵何以入來我則何以應之故曰㝡疾誘敵即以閃賺為㝡勝何為閃賺如敵人一鎗扎来我用拏攔進步竟持中平而入敵見我鎗至彼、必一拏我即審敵拏力將半便將鎗一閃串彼圈外扎敵一鎗彼必不能救裡外同故曰㝡勝其他着各傳皆有一百八扎名雖不同用亦多異揔之不能及此七着之妙餘着習㙗聽便應用惟載八鎗毋六合法然鎗法亦不過二手持以陰陽一仰一覆運用而已雖有直進直退左閃右閃等法大抵皆以四平為主然常習用之時又當以圈外重致其功何也蓋圈裡敗鎗易救而圈外敗鎗難救也如死棚對翻身棚退是救圈裡敗鎗之法可稱死裡反活如圈外敗鎗唯勾鎗一着耳雖云無中生有然猶不能如二棚退之便也夫圈裡敗鎗盡敗于在前手不及持鎗惟後手往後一拉棚起你鎗前手即淂持鎗扎你勢力皆順如圈外敗鎗于右雖用勾鎗還要移步于右前手急搶持鎗方淂用勾耳故秘語云勝亦在圈外敗

亦在圈外故云河南鎗法拏捉好而無進步夫二合鳳點頭非進步乎又云单手扎人名為孤注謂短兵格開而入是為棄鎗矣不知法中云一寸長一寸强乎乃单手扎又唯你我皆長鎗也如對短兵持鎗一戳即入彼身又何事单手苟皆長鎗格開進步探身扎彼、猶退走猶或不能傷彼盖彼退步反疾于我之進步也豈得不用单手扎乎

八鎗毋

你扎我圈裡我拏鎗你扎圈外我攔鎗你圈裡扎我脚我提鎗

你鎗起我拏下你圈外扎我脚我櫓鎗你鎗起我棚下我又扎你圈裡你拏鎗還鎗我拿鎗

一合

先用圈鎗為毋後用封閉捉拏、鎗救護閃賺是花鎗名曰梨花擺頭

我搭圈外圈鎗圈裡扎你〻拏下還鎗我拿鎗我搭圈裡圈鎗圈外扎你、攔下還鎗圈鎗你扎我脚我提鎗你鎗起我鎗拏下還鎗你拏鎗封閉我閃賺圈外扎你、攔鎗還鎗花

鎗我梨花鎗圈裡扎你、拏鎗還鎗我拏鎗我梨花鎗圈外扎你、攔鎗還鎗我攔鎗梨花擺頭

二合

先有纏鎗後有攔鎗黃龍占桿黑龍入洞拏鎗救護閃賺是花鎗曰鳳點頭

你圈裡扎我、纏鎗圈外扎你纏鎗你攔下還鎗我攔下攔鎗你圈裡扎我、拏鎗還鎗你拏鎗你圈外扎我、攔鎗還鎗你圈鎗占桿你圈裡扎我、拏鎗還鎗你拏鎗入洞閃賺

圈外扎我、攔下閃賺圈裡扎你、拿鎗還鎗我拿鎗花鎗

我拏鎗顛鎗進你顛鎗退我扎你圈裡你拏鎗顛鎗進我顛鎗退你扎我圈裡我拏下還鎗你拏鎗鳳點頭

三合

先用圈指後有圈袖鷂子拏鵪鶉救護閃賺是花鎗名曰白蛇弄風

你圈裡扎我、拏鎗還鎗你拏鎗圈指你圈外扎我、攔鎗還鎗你攔鎗還鎗我攔鎗圈袖我拿下你鎗上步扎你、拏

下扎我、剪步退拏鎗你拏下我鎗上步扎我、拏下扎你你剪步退拏鎗鷂子撲鵪鶉救護我拿你圈裡鎗閃賺圈外扎你、攔下閃賺圈裡扎我、拏鎗還鎗你拏鎗花鎗我圈裡扎你、拏鎗還鎗我拏鎗我圈外扎你、攔鎗還鎗我攔鎗白蛇弄風

四合

先有白拏後有進步如猫湊鼠棚退救護閃賺是花鎗名曰鉄掃帚

我圈裡白拿你鎗進步扎你、拏下你圈裡白拿我鎗進步扎我、拏下白拿進步 我圈裡扎你、拏下還鎗我用棚退鎗你圈裡扎我、拿下還鎗你用棚退鎗如猫湊鼠棚 退救

護我拏你圈裡鎗閃賺圈外扎你、攔下閃賺圈裡扎我、拏鎗 花鎗 我圈外攔你鎗又圈裡拿你鎗你拿我圈裡鎗又攔我圈外鎗 鈇掃箒

五合

先有四封四閉閃賺是花鎗名曰撲草尋蛇

你圈裡扎我、拿鎗你圈裡扎我脚我提鎗你鎗起我圈外攔下還鎗你攔鎗你圈外扎我、攔鎗你圈外扎我脚我擼鎗你鎗起我圈裡拏下還鎗你拏鎗四封四閉我閃賺圈外扎你、攔鎗還我、攔鎗花鎗你地蛇鎗我撲草尋蛇你鎗起我拏下還鎗你拏下還鎗我地蛇鎗你撲草尋蛇我鎗起你拏下還鎗我拏下還鎗撲草尋蛇

六合

一截二進三攔四纏五拏六直　共加六路花鎗中吊四路梨

花攞頭鳳點頭白蛇弄風鉄掃箒撥艸尋蛇

我圈裡扎你、拏鎗一截 還鎗二進 我拿鎗扎你、拿鎗三攔 我纏圈外四纏你儘頭鎗我扎你、拏下還鎗五拿 我拿鎗六直

原論

上遊蕩撥艸尋蛇 上下游場秦王磨旗下

中平鎗、中王高低遠近都不妨高不攔低不拏當中一點難遮架去如箭来如線指人頭扎人面圈裡扎圈外看圈外扎圈

裡看高低遠近都要見你鎗發我鎗拏你鎗不動我鎗扎鎗是纏腰鎖先扎手和脚扎了脚和手閉住五路都路口他法行隨法行中平六路總变化有多般疾上又加疾扎了還嫌遲鎗有三件大病 一身法不正二當扎不扎三是三尖不點 上點鼻尖 中點鎗尖 下點脚尖

散扎拔翠

一云六合鎗法如一合云先有圈鎗為毋云、乃歷傳之論

一云我搭圈外圈裡扎你云〻你字乃迎鎗人也我字是習用

鎗人也

一云八鎗母鎗以八名何盖以圈裡鎗圈外鎗圈裡低鎗圈外高鎗圈裡高鎗圈外低鎗吃鎗還鎗八着故也而又名毋者盖鎗變幻雖多然皆不出此八着之相生如習書家先習永字之説亦以永字八法皆倫而餘字不外此八筆之法耳明于習永字者即明八鎗 毋之説矣

一云拏鎗如你扎我圈裡我即前手陽仰持鎗往右覆手一合變為陰手是為拏也

一云攔鎗如你扎我圈外我即前手陰覆持鎗往左一仰變為陽手是為攔也

以上一着乃你圈裡圈外扎来我着、不能離此二法雖有他法總不外此二手陽陰仰覆之所運用也

一云邉拏如我圈裡扎你、拏開我鎗于左即扎我圈裡我就在左邉将鎗借勢一拏鎗要直拿至地使你鎗跌開右邉我便将鎗頭顛起借力扎你圈裡是名邉拏

一云邉攔如我圈外扎你、攔開我鎗于右即扎我圈外我就

在右邊將鎗借勢一攔鎗亦要直攔至地使你鎗跌開左邊我便將鎗頭顛起借力扎你圈外是名邉攔

二着乃不用閃賺即吃鎗還鎗之必用者也

一云櫓鎗勢如提鎗破你圈外扎我脚用者用法具提鎗圖中

一云梨花擺頭乃低四平之用法也將鎗横摇擺於你鎗之下或左或右進步拏攔或即左右挨鎗而扎

一云白蛇弄風亦低四平之弄法將鎗頭低入你下前手一仰摇指圈裡前手一覆摇指圈外以便拏攔開你鎗或便扎入

一云鉄掃箒乃地蛇鎗之用法也其法類大封大劈惟两足顛起步而用之

一云撲草尋蛇乃提鎗之用法也將鎗頭低地仰掌提入進步撥打驚起你鎗即用拏扎

一云從鎗不拘圈裡圈外待你扎入我即側身挨鎗仰覆扎去可得扎你之後手

一云小拿小捉則是拏攔之法惟大畧而用待你動静我方應之而用也

一云反拏反提如前後手皆陽持鎗其勢該拏你圈裡鎗你知反扎入我圈外鎗我原陽手而轉推于圈外則用陰手推開你鎗如前後皆陰持鎗其勢該攔你圈外鎗你知反扎入我圈裡鎗我原陰手而轉推于圈裡則用陽手推開你鎗也

一云左右插花鎗與提鎗相類斜進步待你動而應之用也

一云盤蛇鎗先以陽持圈裡進步挨鎗而入你扎圈外則将陽手轉推圈外而用陰手開鎗與前反提相類師語云蛇盤鎗往裡串不淂黄金不淂見盖重此鎗之巧

一去鈇枋杆硬勢不倒持中平鎗伏靠腰間如你拿我、則以拿勢力逆住圈裡如你攔我、則以攔勢力逆住圈外

一云壓攙沉鎗先將鎗顛步圈外橫壓你鎗之上你鎗串入圈裡我則用鎗橫沉下于你鎗上也

一云溜壓沉鎗先將鎗挨進圈裡進步你鎗串入圈外我則顛步斜入圈外用鎗橫沉下于你鎗上也

一云圈裡沉鎗你鎗扎入我身蹲坐以鎗圈裡橫壓沉下于你鎗之上

一云圈外沉鎗你鎗扎入我身磚坐以鎗圈外横壓沉下于你鎗之上

一云迎風接進亦提鎗所用法也迎封者與從鎗同你鎗来我即發鎗扎你、接進者與撥艸尋蛇同一提一捉偷步而進其聲連响毋間斷有間即扎你也

一云蜈蚣鑽板持鎗四平不拘裡外靠鎗而進你必拏攔我則閃左閃右扎入與閃賺相類唯鎗頭不得致地小巧用耳

一云白拏花鎗白攔花鎗白拏一鎗進步指入你必拿救則閃

賺圈外發鎗左右皆同

一云纏攔你扎圈裡我纏圈外攔下你鎗也

以上諸着有在六合之内者有在百八扎之内者其勢活動無定體餘扎尚多因無實用故不盡載至若大封大劈吃鎗還鎗鳳點頭左右閃賺花鎗此七着甚便于敵耳

少林拳棒鎗刀譜卷之六

高四平鎗勢　法曰鎗是纏腰鎖是也

用左手在前順拏右手在後拏根此是初持鎗之勢將鎗托開稍離胷間以示其能及臨敵則以鎗低挨胷旁而變中四平

中四平勢　法曰你鎗發我鎗拏是也

用左手持鎗右手拏鎗根是鎗中之王諸勢之首着、祖此而變化無窮如你扎上我即拿你扎下我即提櫓你扎左我即攔你扎右我即拿你捲此一着之變化

低四平勢　法曰你鎗不動我鎗扎是也

用左手持鎗在前右手持鎗根其身將左脚畧蹭些右脚畧低些你立中四平為待守之法我即用低四平將鎗入你鎗下用梨花擺頭而進便拏即挐便攔即攔格開你鎗隨即扎你或用白蛇弄風仰掌陽持將鎗頭低指入你圈裡我覆掌陰持指入你圈裡聽便拏攔開你鎗隨即扎你或圈裡圈外挨靠你鎗扎你、猶能待守手

青龍獻爪勢　法曰吃鎗還鎗是也

將右手持鎗根戳出其左手在後撒開如奔上狀勢、之中着

之内单手扎人無踰此着我立諸勢聽你上下裡外扎我、用勾拏棚捉等法破開你鎗即進步单手探身發鎗扎你

磨旗勢　法曰閃賺花鎗是也

用左手持鎗畧舉高右手持根畧下凡將鎗頭高則犯攔拏頭低則犯提櫓磨旗之勢鎗頭稍高餌彼拿攔之法你若拏攔我即用閃賺花鎗圈裡圈外扎你

活棚對進勢　法曰棚對救護是也下勢同

用左右一陰一陽手持鎗舉至眉邊式我扎你圈裡你拿開我

鎗扎我圈裡我顛步閃左斜進棚開你鎗扎你

活棚退丶势

用右手拏鎗根左手拏中舉過額回頭斜看左右脚要騰起式

如你鎗不動我即扎你圈裡你拏開進步扎我丶剪步跳出隨

將鎗高舉棚起你鎗

死棚對势　法曰死中反活是也下势同

用右手將鎗根舉過頭左手撒開是托是不托回身走將頭望

後式我先拏你鎗单手探身扎你圈裡你拏開我鎗敗于左你

鎗疾速扎入我前手不及持鎗唯將右手暘仰徃後一拉斜横棚起開你鎗前手即浮持鎗扎你也

翻身棚退丶勢

用右手持鎗根徃後走左手放開在前式我先拏你鎗单手探身扎你丶用大封大劈格開我鎗敗于左你即顛步而進端鎗扎入其勢雄其力大我前手不及持鎗唯將右手斜舉棚起頭上而過其身後右翻轉即進步用也

勾鎗勢　法曰無中生有是也

用兩手持鎗右手拏根左手執鎗挾脇我先單手探身扎你圈外你攔開我鎗敗于右我前手不及持鎗唯將左脚順勢移于右邊左手持鎗仰掌一縮肘貼在左脇下勾開你鎗扎你

抱琵琶勢　法曰大封大劈端鎗是也

用左手持鎗與肩平右手持根往前扎式將鎗前手陽持縮灣端抱懷中無論你圈裡圈外扎我、即陰手挨挫你鎗扎你、或拿攔我鎗我將鎗頭低作地蛇鎗你扎我圈裡或圈外我用大封大劈端鎗進步扎你

地蛇势　法曰鉄掃箒是也

用左手将鎗按下右手持根舉平势我将鎗頭置地你扎我圈裡我顛起雙脚一筝使你鎗跌開于右邉待你将鎗復左我又顛起雙脚一攔使你鎗跌開于左邉待你将鎗復右我又如前法一筝復左又一攔順其势力使你不得持鎗立势

鉄牛耕地势　法曰你鎗来我鎗去是也

用左手将鎗置地右手持根式我将鎗置地捺湾你或圈裡圈外扎我、則将鎗逆起挨鎗扎你

提鎗势　法曰撥草尋蛇又曰迎風接進是也

我立四平你圈裡扎我脚我將鎗頭低下陽手提開你鎗你鎗起我一拏你圈外扎我脚我將鎗頭低下挺住用腰力一擺槽開你鎗你鎗起我圈裡一拏或圈外一攔還鎗扎你如你用地蛇鎗我用提鎗偷步斜進撲打驚起你鎗一拏一提又拏又提其聲無間斷跟纏你鎗不使走脫也

儘頭势　法曰他法行隨法行是也一名美人認針

用陰陽手持鎗在臍旁側身回頭看式乃偷步上鎗之法我將

鎗低指進入你扎上我即拏你扎下我即提你用提我即起你用拏我即閃賺圈外扎你

懸脚勢　法曰不招不架是也

我立四平你扎我脚不拘裡外我即懸起前脚隨落脚進步還鎗扎你

詐敗勢　法曰詐敗佯輸是也

我立四平圈裡挨逼你鎗你扎我圈外我一攔隨将身往後一側僞爲敗勢待你圈裡扎你我、即迎回身一拏開你鎗扎你

鷂子撲鵪鶉勢　法曰鷂子拿鵪鶉救護是也

用捷手舉鎗左手畧低右手與肩齊回身走用頭回看式如你立四平我拏開你鎗進步扎你、拏開我鎗進步扎我、剪步跳出隨即拏開你鎗

嘗聞單手扎人名為孤注又名棄鎗果爾否乎曰此少林之所以妙也如單手扎人圈裡彼拏開我失前手則順勢用法中倒拉鞭而走隨用風捲殘雲勝之如單手扎人圈外彼攔開我失前手則順勢用孤雁出羣而走隨用鷂子撲鵪鶉勝之此無中

生有死裡逢生又有何孤注棄鎗之有
又曰倒拉鞭救圈裡敗鎗孤雁出群救圈外敗鎗
又曰拏捉撮攔劈五者如圈內有拏圈外有攔遮下有提護上
有捉唯劈則上與左右可兼用也用法雖難形容大要不外拳
之陽仰陰覆而已一陰一陽一仰一覆時仰時覆如龍之翔如
鳳之舞活潑圓轉而前手之伸縮不常後手之開闔無踪尤當
究心耳

鎗圖

高吊四平鎗勢

中四平鎗勢

低四平鎗勢

青龍獻爪鎗勢

磨旗鎗勢

活棚對進鎗势

活棚退、鎗勢

死棚對鎗勢

翻身棚退、鎗势

土

勾鎗勢

抱琵琶鎗勢

地蛇鎗势

鐵牛耕地鎗勢

提鎗势

儘頭鎗勢

懸脚鎗勢

詐敗鎗勢

鷂子撲鵪鶉勢

單刀譜

北望南用起　並足左帶刀　右轉身出刀壓刀勢丟刀勢接刀按虎勢進左步入洞勢单撩刀勢　单撩刀　腰砍勢懸左足　左獨立勢擄一刀斜砍懸右足右独立勢進右步　迎推刺刀勢一刺挽一刀退右步　低看勢退左步迎轉身背砍勢偷左步擄一刀砍一刀　迎推刺刀勢　一刺漫頭五花龙轉身　左单擺勢漫頭五花右轉身　右单擺勢　擄一刀砍一刀　迎推刺刀勢二刺東洋収回上弓勢　花拏一刀進左步　低插勢　擄一刀進右步砍一刀挽五

花単提刀勢左手櫓外鎗進右步単刺刀勢退左步挽五花担

肩勢左手撥裡鎗進右步砍一刀偷左步斜削勢北望南用終

五花迎面轉南望北用起拗步勢偷右步挽一刀低看勢進右步

上弓勢揮一刀跳剪步砍一刀名曰奔剪一跳南望北用終北

望南用起迎轉上弓勢花拿一刀偷左步回砍斜削勢攪一刀

右跳砍一刀揮一刀左跳砍一刀浪裡三跳推起朝天勢懸左

足攪一刀斜砍一刀外看勢進左步左定膝勢右提撩勢架起

一刀抽身進右步刺一刀北望南用終南望北用起五花迎轉

砍一刀外着势迎推刺一刀剪步背砍势南望北用終撹一刀砍一刀五花迎轉砍一刀北望南用起外着势進左步左提撩势進右步右提撩势隨手五花左右提撩進退進右步右提撩势扯回復砍一刀名曰提留南望北用終迎轉収刀势入鞘北望南用終

十八

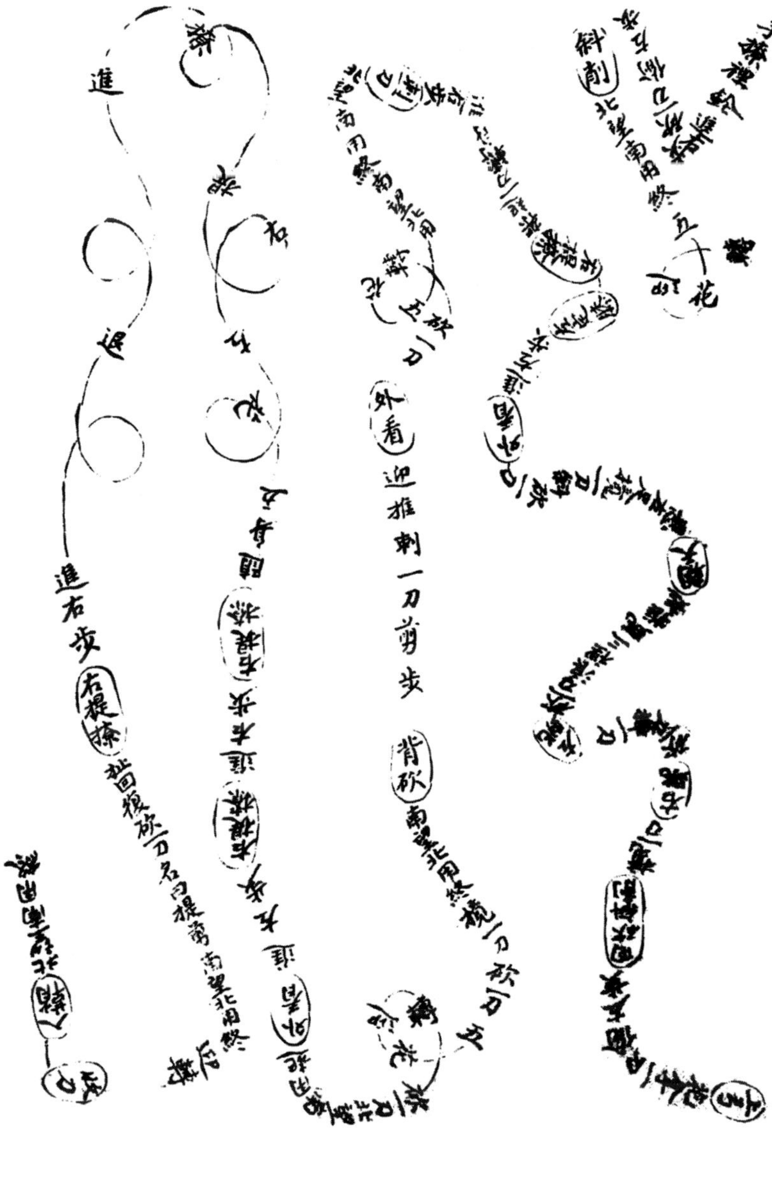
斜削
外看
迎推刺一刀
背砍
進右步
右提撩
進

少林拳棒枪刀谱卷五、卷六校释

少林拳棒枪刀谱卷之五

棍图

右献花〔一〕

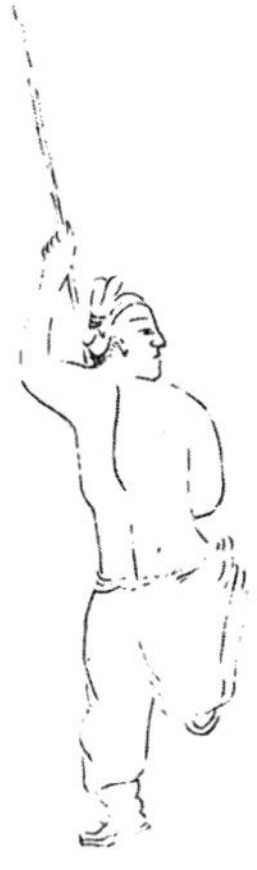

尽头枪势

尽头枪与提原异，偷步上斜行极利。
虎口枪示我不防，待乘虚巧拿难避。

〔一〕此势只有图，无文字。

单手扎枪势

持棍须识合阴阳，扎人单手最为良。
前手放时后手尽，一寸能长一寸强。
阳出阴收防护救，顺立二拦收败枪。
扎人如无〔一〕此着妙，中平一点是枪王。

高搭袖势

势名搭袖棍壁立，前虚后实在呼吸。
侧身斜劈非真劈，颠步平拿圈外入。
力弱势低不吾降，惟怕鹌鹑单打急。

〔一〕如无，少林棍法阐宗作『无如』。

边拦势

左号边拦右群拦，两边拿扎不为难。唯有穿提柔势妙，防他左右棍头钻。

群拦势〔一〕

〔一〕此势只有图，无文字。

伏虎势

伏虎头高不易推（摧）〔一〕，挨梢即进莫徘徊。
左右扎我劈打易，高低扎我捉提开。
搭袖势来虽可畏，犹有四平堪取裁。

定膝势

定膝立势似伏虎，劈拿捉打我为主。
倘遇搭袖高打来，顺变二拦〔二〕来救补。

〔一〕推，少林棍法阐宗作『摧』字，当是。
〔二〕二拦，指边拦、群拦。

潜龙势

潜龙棍首落，诸势以静降。
四路无空着，唯防虎口枪〔一〕。

铁牛耕地势

铁牛耕地甚刚强，崩上打下最难当。
扑鹌鹑来硬打硬，莫若变势另思量。

〔一〕虎口枪，对方对我前手虎口的攻击。

孤雁出群势

圈外有败枪，孤雁出群走。
回打扑鹌鹑，无论单双手。
【其棍横在左膝上，或单手、双手，以便劈打】

敬德倒拉鞭势〔一〕

圈里有败枪，拉鞭走救护。
风卷残云入，刀出鞘回顾。
双手劈开枪，群拦进左步。

〔一〕敬德倒拉鞭势，此势是圈里败枪后的救护补手，最主要的是拉鞭、风卷残云、刀出鞘。

刀出鞘势

刀出鞘，棍在后，单手棍打入，拉鞭向后走。再进风卷残云，依旧出鞘单手。

地蛇枪势

高枪扎面不拦遮，他蛇伏下最为嘉。他用提枪偷步进，死蛇变作活蛇夸。

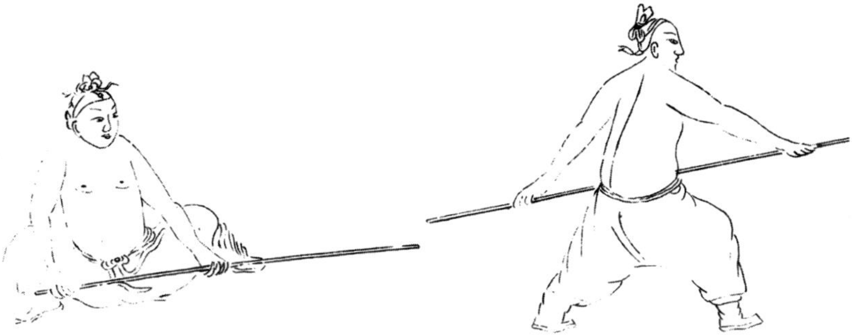

提枪势

提主降抵枪，棍起任拿捉。
难测彼穿提，甚勿漫相角。

提（骑）〔一〕马势

骑马非顺步，推开上右足〔二〕。
穿袖虽可拿，不如伏虎速。

〔一〕提，少林棍法阐宗作『骑』字，当是。
〔二〕上右步，和对方成一个大的角度。

长枪序〔一〕

器名枪者，即古之丈八矛也。其法遵杨家，然未稽杨家之为何时人也。而〔二〕宋宁宗时有红袄贼李全〔三〕，善用铁枪，后败。妻杨氏谓郑衍德〔四〕等曰：『二十年梨花枪，天下无敌。』今枪中有『梨花摆头』之名，岂其人欤？岂以其艺之高而不以人废欤？若稽实，则有望于博洽〔五〕君子矣。

世人尊枪为艺中之王，盖亦以长技无逾于此。惟有河南李克复善其技，即所传亦在，有差讹无从凭考。惟河南枪与别不同，所用木杆体长而重，非转巧妙，莫能运动。而制胜之方，其妻（要）〔六〕亦唯以中平为主。虽有棚（掤）〔七〕、拿、勾、捉等法，深思临敌侵（便）〔八〕捷，可望常胜者，无过大封大

〔一〕长枪序出自程宗猷耕余剩技·长枪法选（后文简称长枪法选）中的长枪说，有改动。

〔二〕长枪法选原文『而』字后有『通鉴载』三字，此处『通鉴』当指清代毕沅续资治通鉴，此书记载有李全及其妻杨氏之语。北宋司马光资治通鉴截止到后周世宗显德六年（九五九），不会记载南宋『红袄贼李全』之事。

〔三〕红袄贼，南宋宁宗嘉定七年（一二一四）十二月，『金潍州李全兵起……河北、山东遗民，保砦阻险，群聚为盗，寇掠州郡，皆衣红衲袄以相识，时目为「红袄贼」』。李全，『潍州北海农家子，锐头蜂目，权谲，善下人，弓马趫捷，能运铁枪，人号李铁枪』。（陈邦瞻撰宋史纪事本末，河北师范学院历史系中国古代史组点校，中华书局，二〇一五，第九六九页。）

〔四〕郑衍德，李全的手下。『全与仲兄福亦聚众数千，钞掠山东，刘庆福、国安用、郑衍德、田四、于洋、于潭等皆附之。』（同上。）

〔五〕博洽，指学识广博。后汉书·杜林传：『林从竦（张竦）受学，博洽多闻。』

〔六〕妻，长枪法选作『要』字，当是。

〔七〕棚，据文义，应为『掤』字之误。后同。

〔八〕侵，长枪法选作『便』字，当是。

劈为最上。何也?询曾临敌者云：闻（斗）〔一〕杀之际，人心慌乱，唯以其枪击地而已。此非平日演习之过，乃慌忙之际常情耳。今大封大劈，有类于击地之常情，而借地之势，反易于起扎。且扎入有力，是便于吃枪还枪也，故曰『最上』。

封劈之后，即以还枪为最急。如敌人扎我圈里，我即拿封至地，枪头颠起，借力一枪扎去，敌人格开，复又扎来，我又照前扎法，圈外皆同，无暇有别着，故曰『最急』。

进退斗杀，即以『凤点头』〔二〕为最疾。如敌人败走，我将枪头点地，或闪左，或闪右，赶进将近，扎敌一枪。如彼敌人格开赶来，我即将枪头拖拉点地，退走离远。即有救手者，敌何以入来，我则何以应之，故曰『最疾』。

诱敌即以『闪赚』为最胜。何为『闪赚』?如敌人一枪扎来，我用拿拦进步，竟持中平而入。敌见我枪至彼，彼必一拿，我即审敌拿力将半，便将枪一闪，串〔三〕彼圈外，扎敌一枪，彼必不能救，里外［皆］〔四〕同，故曰『最胜』。

其他着，各传皆有一百八扎，名虽不同，用亦多异。总之，不能及此七着之妙。余着习熟，听便

〔一〕闻，长枪法选作『斗』字，当是。
〔二〕凤点头，以枪尖点击、劈击。
〔三〕串，串法是闪赚的关键。
〔四〕皆，据长枪法选所补。

应用〔一〕，惟载八枪母、六合法〔二〕。然枪法亦不过二手，持以阴阳，一仰一覆，运用而已。虽有直进直退、左闪右闪等法，大抵皆以四平为主〔三〕。然常习用之时，又当以圈外重致其功。何也？盖圈里败枪易救，而圈外败枪难救也。如死棚（掤）对翻身棚（掤）退，是救圈里败枪之法，可称死里反活；如圈外败枪，唯勾枪一着耳，虽云无中生有，然犹不能如二棚（掤）退之便也。夫圈里败枪，尽败于左，前手不及持枪，惟后手往后一拉，棚（掤）起你枪，前手即得持枪扎你，势力皆顺。如圈外败枪于右，虽用勾枪，还要移步于右，前手急抢持枪，方得用勾耳。

故秘语云〔四〕：『胜亦在圈外，败亦在圈外。』故云〔五〕：『河南枪法拿捉好，而无进步，夫二合凤点头，非进步乎！』又云：『单手扎人，名为孤注。』谓短兵格开而入，是为弃枪矣。不知法中云『一寸长，一寸强』乎！乃单手扎，又唯［用于］〔六〕你我皆长枪也。如对短兵，持枪一戳，即入彼身，又何事单手！苟皆长枪，格开进步，探身扎彼，彼犹退走，犹或不能伤彼。盖彼退步，反疾于我之进步也，岂得不用单手扎乎！

〔一〕『听便应用』后，长枪法选另写有『今欲入弩兼用，故去其繁』。

〔二〕『惟载八枪母、六合法』后，长枪法选另写有『散扎拔萃一篇，绘数势图，直述用法，笔中不能曲尽形容』。

〔三〕『大抵皆以四平为主』后，长枪法选另写有『所谓艺中之王者，亦此也』。

〔四〕故秘语云，长枪法选作『故师秘语云』。

〔五〕故云，长枪法选作『余故云当重致其功于此。纪效新书云』。

〔六〕用于，据长枪法选所补。

八枪母

你扎我圈里，我拿枪；你扎圈外，我拦枪；你圈里扎我脚，我提枪；你枪起，我拿下；你圈外扎我脚，我橹（擼）〔一〕枪；你枪起，我棚（掤）〔二〕下；我又扎你圈里，你拿枪还枪，我拿枪。

一合

先用圈枪为母，后用封闭捉拿。拿枪救护，闪赚是花枪，名曰『梨花摆头』。

我搭圈外，圈枪圈里扎你，你拿下还枪，我拿枪；我搭圈里，圈枪圈外扎你，你拦下还枪【圈枪】；你扎我脚，我提枪，你枪起，我枪拿下还枪；你拿枪【封闭】，我闪赚圈外扎你；你拦枪还枪【花枪】，我梨花枪圈里扎你；你拿枪还枪，我拿枪；我梨花枪圈外扎你，你拦枪还枪，我拦枪【梨花摆头】。

二合

先有缠枪，后有拦枪。黄龙占杆，黑龙入洞。拿枪救护，闪赚是花枪，曰『凤点头』。

你圈里扎我，我缠枪圈外扎你【缠枪】；你拦下还枪，我拦下【拦枪】；你圈里扎我，我拿枪还枪；你拿枪，你圈外扎我，我拦枪还枪；你圈枪【占杆】，你圈里扎我，我拿枪还枪；你拿枪【入洞】，闪赚圈外扎我，我拦下，闪赚圈里扎你；你拿枪还枪，我拿枪【花枪】；我拿枪颠枪进，你颠枪退，

〔一〕橹，据文义，应为『擼』字之误。后同。擼枪，用枪尖由下方的右侧向左侧撩拨，阻挡对方向我膝盖或小腿扎来的枪的技法。

〔二〕棚，长枪法选作『拦』字。

我扎你圈里，你拿枪颠枪进，我颠枪退，你扎我圈里；我拿下还枪，你拿枪【凤点头】。

三合

先用圈指，后有圈袖。鹞子拿鹌鹑救护，闪赚是花枪，名曰『白蛇弄风』。

你圈里扎我，我拿枪还枪，你拿枪【圈指】；你圈外扎我，我拦枪还枪，你拦枪还枪，我拦枪【圈袖】；我拿下你枪，上步扎你，你拿下扎我，我剪步退拿枪；你拿下我枪，上步扎我，我拿下扎你，你剪步退拿枪【鹞子扑鹌鹑救护】；我拿你圈里枪，闪赚圈外扎你，你拦下闪赚圈里扎我，我拿枪还枪，你拿枪【花枪】；我圈里扎你，你拿枪还枪；我拿枪，我圈外扎你，你拦枪还枪，我拦枪【白蛇弄风】。

四合

先有白拿，后有进步。如猫凑鼠，棚（掤）退救护。闪赚是花枪，名曰『铁扫帚』。

我圈里白拿你枪，进步扎你，你拿下；你圈里白拿我枪，进步扎我，我拿下【白拿进步】；我圈里扎你，你拿下还枪；我用棚（掤）退枪，你圈里扎我；我拿下还枪，你用棚（掤）退枪【如猫凑鼠，棚（掤）退救护】；我拿你圈里枪，闪赚圈外扎你；你拦下，闪赚圈里扎我；我拿枪【花枪】，我圈外拦你枪，又圈里拿你枪；你拿我圈里枪，又拦我圈外枪【铁扫帚】。

五合

先有四封四闭，闪赚是花枪，名曰『拨草寻蛇』。

你圈里扎我，我拿枪；你圈里扎我脚，我提枪；你枪起，我圈外拦下还枪；你拦枪，你圈外扎我，我拦枪；你圈外扎我脚，我撸枪；你枪起，我圈里拿下还枪；你拿枪【四封四闭】，我闪赚圈外扎你；你拦枪还我（枪）〔一〕，我拦枪【花枪】；你地蛇枪，我拨草寻蛇；你枪起，我拿下还枪；你拿下还枪，我地蛇枪；你拨草寻蛇，我枪起；你拿下还枪，我拿下还枪【拨草寻蛇】。

六合

一截，二进，三拦，四缠，五拿，六直，共加六路花枪。中吊四路、梨花摆头、凤点头、白蛇弄风、铁扫帚、拨草寻蛇。

我圈里扎你，你拿枪【一截】，还枪【二进】；我拿枪扎你，你拿枪【三拦】；我缠圈外【四缠】，你尽头枪，我扎你；你拿下还枪【五拿】，我拿枪【六直】。

原论

上游荡（场）〔二〕拨草寻蛇上，下游场秦王磨旗下。

中平枪，枪中王，高低远近都不妨。高不拦，低不拿，当中一点难遮架。去如箭，来如线，指人头，扎人面。圈里扎，圈外看，圈外扎，圈里看，高低远近都要见。你枪发，我枪拿，你枪不动我枪扎。枪是缠腰锁，先扎手和脚。扎了脚和手，闭住五路都路口。他法行，随法行，中平六路总，变化有多般，

〔一〕我，长枪法选作『枪』字，当是。
〔二〕荡，长枪法选作『场』字，当是。

疾上又加疾，扎了还嫌迟。枪有三件大病：一身法不正；二当扎不扎；三是三尖不点〔一〕【上点鼻尖，中点枪尖，下点脚尖】。

散扎拔翠（萃）〔二〕

一云『六合枪法』。如一合云『先有圈枪为母』云云，乃历传之论。

一云『我搭圈外，圈里扎你』云云。『你』字，乃递枪人也；『我』字，是习用枪人也。

一云『八枪母』，枪以八名［者］〔三〕何？盖以圈里枪、圈外枪、圈里低枪、圈外高枪、圈里高枪、圈外低枪、吃枪、还枪八着故也。而又名母者，盖枪变幻虽多，然皆不出此八着之相生。如习书家，先习『永』字之说，亦以『永字八法』皆备，而余字不外此八笔之法耳。明于习『永』字者，即明八枪母之说矣。

一云『拿枪』。如你扎我圈里，我即前手阳仰持枪，往右覆手一合，变为阴手，是为拿也。

一云『拦枪』。如你扎我圈外，我即前手阴覆持枪，往左一仰，变为阳手，是为拦也。

以上一（二）〔四〕着，乃你圈里、圈外扎来，我着着不能离此二法。虽有他法，总不外此二手阳

〔一〕点，长枪法选作『照』字。
〔二〕翠，据文义，应为『萃』字之误。散扎拔萃，指作者有关枪法技艺极为珍贵的心得体会。
〔三〕者，据长枪法选所补。
〔四〕一，据文义及长枪法选，应为『二』字之误。

阴仰覆之所运用也。

一云『边拿』。如我圈里扎你，你拿开我枪于左，即扎我圈里，我就在左边，将枪借势一拿，枪要直拿至地，使你枪跌开右边，我便将枪头颠起，借力扎你圈里，是名『边拿』。

一云『边拦』。如我圈外扎你，你拦开我枪于右，即扎我圈外，我就在右边，将枪借势一拦，枪亦要直拦至地，使你枪跌开左边，我便将枪头颠起，借力扎你圈外，是名『边拦』。

二着乃不用闪赚，即吃枪还枪之必用者也。

一云『撸枪势』。如提枪，破你圈外扎我脚用者，用法具提枪图中。

一云『梨花摆头』，乃低四平之用法也。将枪横摇摆于你枪之下，或左或右，进步拿拦，或即左右挨枪而扎。

一云『白蛇弄风』，亦低四平之弄法。将枪头低入你［枪］〔一〕下，前手一仰，摇指圈里；前手一覆，摇指圈外。以便拿拦开你枪，或便扎入。

一云『铁扫帚』，乃地蛇枪之用法也。其法类大封大劈，惟两足颠起步而用之。

一云『拨草寻蛇』，乃提枪之用法也。将枪头低地，仰掌提入，进步拨打，惊起你枪，即用拿扎。

一云『从枪』。不拘圈里圈外，待你扎入，我即侧身挨枪仰覆扎去，可得扎你之后手。

一云『小拿小捉』，则是拿拦之法，惟大略而用。待你动静，我方应之而用也。

〔一〕枪，据长枪法选所补。

一云『反拿反提（捉）〔一〕』。如前后手皆阳持枪，其势该拿你圈里枪，你知反扎入。我圈外枪，我原阳手而转，推于圈外，则用阴手推开你枪，如前后［手］〔二〕皆阴持枪。其势该拦你圈外枪，你知反扎入。我圈里枪，我原阴手而转推于圈里，则用阳手推开你枪也。

一云『左右插花枪』。与提枪相类，斜进步，待你动而应之用也。

一云『盘蛇枪』。先以阳持圈里，进步挨枪而入。你扎圈外，则将阳手转推圈外，而用阴手开枪，与前反捉相类。师语云：『蛇盘枪，往里串，不得黄金不得见。』盖重此枪之巧〔三〕。

一去（云）〔四〕『铁枋杆硬势不倒』。持中平枪，伏靠腰间，如你拿我，我则以拿势力逆住圈里；如你拦我，我则以拦势力逆住圈外。

一云『压搅沉枪』。先将枪颠步圈外，横压你枪之上；你枪串入圈里，我则用枪横沉下于你枪上也。

一云『溜压沉枪』。先将枪挨进圈里进步，你枪串入圈外，我则颠步斜入圈外，用枪横沉下于你枪上也。

一云『圈里沉枪』。你枪扎入，我身蹲坐，以枪圈里，横压沉下于你枪之上。

〔一〕提，据文义及长枪法选，应为『捉』字之误。

〔二〕手，据长枪法选所补。

〔三〕『盖重此枪之巧』后，长枪法选另写有『余意其巧，亦无大实用。总之，临急不暇用巧，他着可知矣』。

〔四〕去，据文义，应为『云』字之误。

一云『圈外沉枪』。你枪扎入，我身磚（蹲）〔一〕坐，以枪圈外，横压沉下于你枪之上。

一云『迎风接进』，亦提枪所用法也。迎封者，与从枪同。你枪来，我即发枪扎你。你接进者与拨草寻蛇同，一提一捉，偷步而进。其声连响，毋间断。有间，即扎你也。

一云『蜈蚣钻板』。持枪四平，不拘里外。靠枪而进，你必拿拦。我则闪左闪右扎入，与闪赚相类。唯枪头不得致地，小巧用耳。

一云『白拿花枪、白拦花枪』。白拿一枪进步指入，你必拿救，则闪赚圈外发枪，左右皆同。

一云『缠拦』。你扎圈里，我缠圈外，拦下你枪也。

以上诸着，有在六合之内者，有在百八扎之内者，其势活动无定体〔二〕。余扎尚多，因无实用，故不尽载。至若大封、大劈、吃枪、还枪、凤点头、左右闪赚、花枪此七着，甚便于敌耳〔三〕。

〔一〕磚，据文义，疑为『蹲』字之误。
〔二〕『其势活动无定体』后，长枪法选另写有『不能绘图，能绘图者，其说即具图中』。
〔三〕甚便于敌耳，长枪法选作『甚便于临敌耳』。此句后，长枪法选另写有『愚意所重其用法，故首列于长枪说中也』。

少林拳棒枪刀谱卷之六

高四平枪势〔一〕**【法曰『枪是缠腰锁』是也】**

用左手在前顺拿，右手在后拿根，此是初持枪之势。将枪托开，稍离胸间，以示其能。及临敌，则以枪低挨腰旁而变中四平。

中四平势〔二〕**【法曰『你枪发，我枪拿』是也】**

用左手持枪，右手拿枪根，是枪中之王，诸势之首，着着祖此而变化无穷。如你扎上，我即拿；你扎下，我即提橹（撸）；你扎左，我即拦；你扎右，我即拿你。总此一着之变化。

低四平势【法曰『你枪不动，我枪扎』是也】

用左手持枪在前，右手持枪根，其身将左脚略蹭些，右脚略低些。你立中四平，为待守之法；我即用低四平，将枪入你枪下，用梨花摆头而进。便拿即拿，便拦即拦，格开你枪，随即扎你。或用白蛇弄风，仰掌阳持，将枪头低指，入你圈里，我覆掌阴持，指入你圈里，听便拿拦开你枪，随即扎你。

〔一〕高四平枪势，长枪法选作『高吊四平枪势』。从『高四平枪势』到『鹞子扑鹌鹑势』都出自长枪法选，但本谱中大多增写了持枪动作当作首句，如『高四平枪势』以『用左手在前顺拿，右手在后拿根』开头。下文不再逐一说明。

〔二〕中四平势，长枪法选作『中四平枪势』。『中四平势』及以下各势，除『勾枪势』外，与长枪法选相比都略去『枪』字，但是后文插图中各势名称都有『枪』字，写法与长枪法选相同。下文不再逐一说明。

或圈里圈外，挨靠你枪扎你，你犹能待守乎？

青龙献爪势【法曰『吃枪还枪』是也】

将右手持枪根戳出，其左手在后，撒开如奔上状。势势之中，着〔着〕〔一〕之内，单手扎人，无逾此着。我立诸势，听你上下、里外扎我，我用勾拿棚（掤）捉等法〔二〕，破开你枪，即进步单手探身发枪扎你。

磨旗势【法曰『闪赚花枪』是也】

用左手持枪略举高，右手持根略下。凡将〔三〕枪，头高则犯拦拿，头低则犯提橹（撸）、磨旗之势。枪头稍高，饵彼拿拦之法。你若拿拦，我即用闪赚花枪，圈里圈外扎你。〔四〕

活棚（掤）对进势【法曰『棚（掤）对救护』是也，下势同】

用左右一阴一阳手，持枪举至眉边式。我扎你圈里，你拿开我枪，扎我圈里；我颠步闪左斜进，棚（掤）开你枪扎你。

〔一〕着，原文疑少一『着』字，据长枪法选所补。

〔二〕我用勾拿棚捉等法，长枪法选作『我用掤拿勾捉等法』。

〔三〕将，长枪法选作『持』字，用『将』字也通。将，在中原官话中有拿之意。山西稷山，『把笔将来』。元代关汉卿金线池·第二折：『梅香，将过琵琶来，我散心适闷咱。』（许宝华、宫田一郎主编汉语方言大词典（全五卷），中华书局，一九九九，第四四二四页。）

〔四〕该势用意是诱使对方拦拿，我好变招出招。

活棚（掤）退退势

用右手拿枪根，左手拿中，举过额，回头斜看左右，脚要腾起式。如你枪不动，我即扎你圈里；你拿开进步扎我，我剪步跳出，随将枪高举，棚（掤）起你枪。

死棚（掤）对势【法曰『死中反活』是也，下势同】

用右手将枪根举过头，左手撒开，是犰（扎）[一]是不犰（扎），回身走，将头望后式。我先拿你枪，单手探身，扎你圈里，你拿开我枪，败于左；你枪疾速扎入，我前手不及持枪，唯将右手阳仰往后一拉斜横，棚（掤）起开你枪，前手即得持枪扎你也。

翻身棚（掤）退退势

用右手持枪根往后走，左手放开在前式。我先拿你枪，单手探身扎你；你用大封大劈格开我枪，败于左；你即颠步而进，端枪扎入，其势雄，其力大。我前手不及持枪，唯将右手斜举棚（掤）起头上，而过其身后右翻转，即进步用也。

勾枪势【法曰『无中生有』是也】

用两手持枪，右手拿根，左手执枪挟胁。我先单手探身，扎你圈外，你拦开我枪，败于右。我前手不及持枪，唯将左脚顺势移于右边，左手持枪仰掌一缩肘，贴在左胁下，勾开你枪扎你。

〔一〕犰，据文义，应为『扎』字之误。后同。

抱琵琶势【法曰『大封大劈端枪』是也】

用左手持枪与肩平，右手持根往前扎式。将枪前手阳持缩湾（弯）〔一〕，端抱怀中，无论你圈里、圈外扎我，我即阴手挨挫你枪扎你。你或拿拦我枪，我将枪头低作地蛇枪；你扎我圈里或圈外，我用大封大劈，端枪进步扎你。

地蛇势【法曰『铁扫帚』是也】

用左手将枪按下，右手持根举平势。我将枪头置地，你扎我圈里，我颠起双脚一拿，使你枪跌开于右边；待你持枪复左，我又颠起双脚一拦，使你枪跌开于左边。待你持枪复右，我又如前法一拿，复左又一拦，顺其势力，使你不得持枪立势。

铁牛耕地势【法曰『你枪来，我枪去』是也】

用左手将枪置地，右手持根式。我将枪置地捺湾（弯），你或圈里、圈外扎我，我则将枪进起，挨枪扎你。

提枪势【法曰『拨草寻蛇』，又曰『迎风接进』是也】

我立四平，你圈里扎我脚。我将枪头低下，阳手提开你枪。你枪起，我一拿；你圈外扎我脚，我将枪头低下挺住，用腰力一摆，橹（撸）开你枪；你枪起，我圈里一拿或圈外一拦，还枪扎你。如你用地蛇枪，我用提枪，偷步斜进拨打，惊起你枪。一拿一提，又拿又提，其声无间断，跟缠你枪，不

〔一〕湾，据文义及长枪法选，当作『弯』字。后同。

使走脱也。

尽头势【法曰『他法行随法行』是也，一名『美人认（纫）〔一〕针』】

用阴阳手持枪在脐旁，侧身回头看式，乃偷步上枪之法。我将枪低指进入，你扎上，我即拿；你扎下，我即提；你用提，我即起；你用拿，我即闪赚圈外扎你。

悬脚势【法曰『不招不架』是也】

我立四平，你扎我脚，不拘里外。我即悬起前脚，随落脚进步，还枪扎你。

诈败势【法曰『诈败佯输』是也】

我立四平，圈里挨逼你枪。你扎我圈外，我一拦，随将身往后一侧，伪为败势；待你圈里扎〈你〉〔二〕我，我即迎回身，一拿开你枪扎你。

鹞子扑鹌鹑势【法曰『鹞子拿鹌鹑救护』是也】

用双手举枪，左手略低，右手与肩齐，回身走用头回看式。如你立四平，我拿开你枪进步扎你；你拿开我枪进步扎我，我剪步跳出，随即拿开你枪。

尝闻单手扎人名为『孤注』，又名『弃枪』，果你（尔）〔三〕否乎？曰：此少林之所以妙也。如

〔一〕认，据文义，当作『纫』字。
〔二〕你，据长枪法选，应为衍文。
〔三〕你，据文义，应为『尔』字之误。

单手扎人圈里，彼拿开，我失前手，则顺势用法中『倒拉鞭』而走，随用『风卷残云』胜之。如单手扎人圈外，彼拦开，我失前手，则顺势用『孤雁出群』而走，随用『鹞子扑鹌鹑』胜之。此无中生有，死里逢生，又有何『孤注』『弃枪』之有？〔一〕

又曰：『倒拉鞭』救圈里败枪，『孤雁出群』救圈外败枪。

又曰：拿、捉、提、拦、劈五者，如圈内有拿，圈外有拦，遮下有提，护上有捉，唯劈则上，与左右可兼用也。用法虽难形容，大要不外拳之阳仰阴覆而已。一阴一阳，一仰一覆，时仰时覆，如龙之翔，如风之舞，活泼圆转。而前手之伸缩不常，后手之开合无踪，尤当究心耳。

枪图

高吊四平枪势

中四平枪势

〔一〕本段及以下两段源自少林棍法阐宗中的『问答篇』。

低四平枪势

活棚（掤）退退枪势

青龙献爪枪势

死棚（掤）对枪势

磨旗枪势

翻身棚（掤）退退枪势

活棚（掤）对进枪势

勾枪势

尽头枪势

抱琵琶枪势

悬脚枪势

地蛇枪势

诈败枪势

铁牛耕地枪势

鹞子扑鹌鹑势

提枪势

单刀谱〔一〕

【北望南用起】并足左带刀

【右转身】出刀压刀势、丢刀势

【接刀】按虎势

【进左步】入洞势、单撩刀势

【单撩刀】腰砍势

【悬左足】左独立势

【搅一刀斜砍悬右足】右独立势

【进右步】迎推刺刀势

【一刺挽一刀退右步】低看势

【退左步迎转身】背砍势

【偷左步搅一刀砍一刀】迎推刺刀势

【一刺漫头〔二〕五花〔三〕尢（左）〔四〕转身】左单摆势

【漫头五花右转身】右单摆势

【搅一刀砍一刀】迎推刺刀势

【二刺东洋收回】上弓势

【花拿〔五〕一刀进左步】低插势

【搅一刀进右步砍一刀挽五花】单提刀势

【左手橹（撸）外枪进右步】单刺刀势

【退左步挽五花】担肩势

【左手拨里枪进右步砍一刀偷左步】斜削势

〔一〕『单刀谱』出自程宗猷耕余剩技·单刀法选（后文简称单刀法选）中的『总叙单刀一路』，有改动。

〔二〕漫头，应是覆盖整个头部的意思。

〔三〕五花，即『舞花』。

〔四〕尢，疑为『左』字之误。

〔五〕花拿，与闪赚花枪的意思类似，借用了枪法术语『拿』，也有管、拿的意思。

【北望南用终，五花迎面转南望北用起】拗步势

【偷右步挽一刀】低看势

【进右步】上弓势

【划一刀跳剪步砍一刀，名曰『奔剪一跳』，南望北用终，北望南用起】迎转〔一〕上弓势

【花拿一刀偷左步】回砍斜削势〔二〕

【搅一刀】右跳

【砍一刀划一刀】左跳

【砍一刀浪里三跳推起】朝天势〔三〕

【悬左足搅一刀斜砍一刀】外看势

【进左步】左定膝势、右提撩势〔四〕

【架起一刀抽身〔五〕进右步】刺一刀

〔一〕迎转，单刀法选作『北望南用起迎转』，不与『上弓势』相连。

〔二〕回砍斜削势，单刀法选作『回砍势斜削势』。

〔三〕以上从『【搅一刀】右跳』开始与单刀法选原文不同，单刀法选作『【搅一刀】右跳砍一刀』『【划一刀】左跳砍一刀』『【浪里三跳推起】朝天刀势』。

〔四〕右提撩势，单刀法选作『左提撩势』。

〔五〕抽身，单刀法选作『翻身』。

【北望南用终，南望北用起，五花迎转砍一刀】外看势

【迎推刺一刀剪步】背砍势

【南望北用终，搅一刀砍一刀，五花迎转砍一刀，北望南用起】外看势

【进左步】左提撩势

【进右步】右提撩势

【随手五花左右提撩进退〔一〕，进右步】右提撩势

【扯回复砍一刀，名曰『提留』，南望北用终】迎转收刀势入鞘［势］〔二〕

【北望南用终〔三〕】

〔一〕随手五花左右提撩进退，单刀法选作『随身五花左右提撩进退势』。

〔二〕势，据单刀法选所补。

〔三〕北望南用终，单刀法选作『北望南用大终』。整个套路大约有三四个动作，以转身、进退等步法连接。

［单刀线路图『南望北用起』］〔一〕

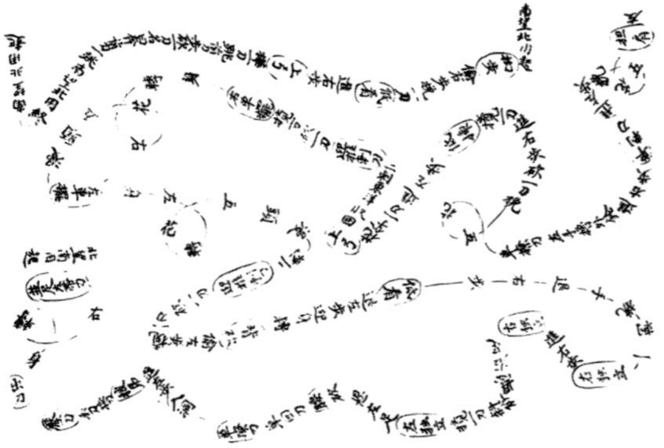

［单刀线路图『北望南用终』］〔二〕

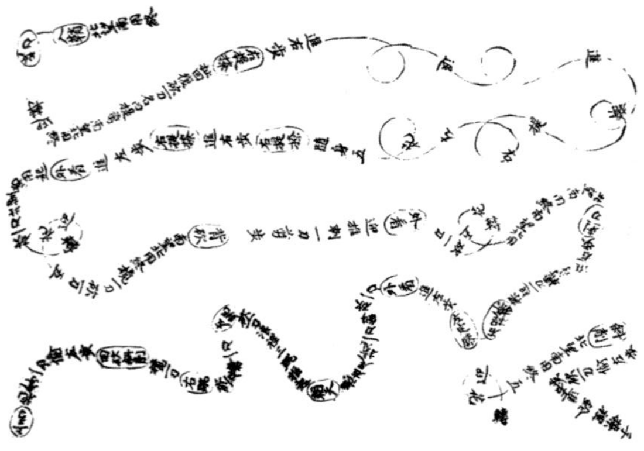

〔一〕图题为编者根据文义所补。
〔二〕图题为编者根据文义所补。

少林拳棒枪刀谱

卷七、卷八

少林拳棒枪刀谱卷七、卷八影印

少林拳棒鎗刀譜卷之七

刀圖

斜削刀勢

如抱刀懷中以右肩向敵彼扎右脚用刀斜削開鎗則刀偏于右旁他起鎗扎面偷左步將刀遶開鎗順砍一刀

収刀势

用党刀法将刀徃頭上左進一刀曲湾右手以刀背擱在肘上再用手反拏刀靶入鞘

單刺刀勢

單手刺去一刀收回挽五花曲左手肘墊起刀背往頭上過擔于右肩上

擔肩刀勢

將刀横放右肩前手偏垂于左持露出左手裡腹脇誘他鎗扎入用左肘往右横墊開鎗左右二脚斜跳而入隨加左手共持刀靶砍殺

單提担肩二勢乃倭人譎誘之法但人見此大空即欺之多是用鎗着實扎去常墮其計中故云欺敵者也耳

低插刀势

先立低看势彼鎗扎左脚用低插一提彼鎗起扎面将刀背勾開鎗斜進右脚砍殺

单提刀势

右手持刀将左身併手侧偏于右边特露出左手外腹胁诱他鎗扎入斜进左步于右将左手挽開鎗随進右步单刀平直刺去

按虎刀勢

按刀在右手即成此勢再好進步聽變埋頭入洞二勢從便砍殺

背砍刀势

如先立外肴势彼鎗從右扎入我将刀往右推開鎗進左脚偷右步左轉身横靠一刀

壓刀勢

将右手陰持刀蹲身壓下低勢左手直伸于後刀尖斜向上以便丢刀高起

丢刀接刀势

壓刀將刀口向下丢起刀待刀落下右手陽仲接刀但刀丢起落下毋使刀轉動則接刀持靶刀口向前則便運用如刀丢起落下轉動不定及接持刀口不能向前或左或右則刀難于運用矣

带刀势

二足並立唯右膝梢湾左膝直站名為雌雄脚左手按刀鞘右手持刀靶以左肩向前顛步進左脚于右再将左身進右步出刀

出刀勢

右手陽掌持靶出刀于右横斜刀尖在左示胷腹大空待敵彼鎗扎入畧偷左脚移于右用刀靶拶下鎗随加左手共持刀靶則刀尖斜横右邊以右肩向敵彼鎗又扎入即起拏砍一刀如成外有勢彼鎗又扎入斜進右脚用刀背勾開鎗即進左脚砍殺 又一着如前出刀之勢彼鎗扎入亦如前移步将刀靶拶下鎗大偷左脚右轉身進右步背砍一刀

藏刀勢

此因彼鎗變幻難測故懸掛小刀二三把藏用一把藏拏左手以左肩背向敵勿令敵見使之無防以便將刀飛刺

飛刀勢

此将小刀飛刺去彼必招架乘此之机用刀砍之乃短拔長用也

迎推刀勢

此先立外着勢開右邊門户彼鎗扎不實則將刀往右一推開彼鎗彼復實扎我懷裡罨偷左脚于右砍斷彼鎗

刀背掐鈌䶕势

刀口薄始利如遇彼用鈌又鈌鈀重䶕之類若将刀口砍格則刀口必傷何以殺敵故用刀背以势中之法擊格為妙

右定膝刀势

此将刀推出按右膝上如彼左右扎我、即那步進用刀挨前削彼鎗彼扎我脚用刀一提彼扎我面用刀 一砍彼拿我刀即變外看势彼攔我刀即變上弓势聽便砍殺

朝天刀勢

此以左肩背胯脚向敵餌彼鎗扎入我起左脚將刀背往左一撩開鎗隨進右脚砍殺

拗步刀勢

此左脚向前開右邊門户彼鎗扎入則將刀徃右後一攙進右脚再進左脚剪步斜入聽便砍殺

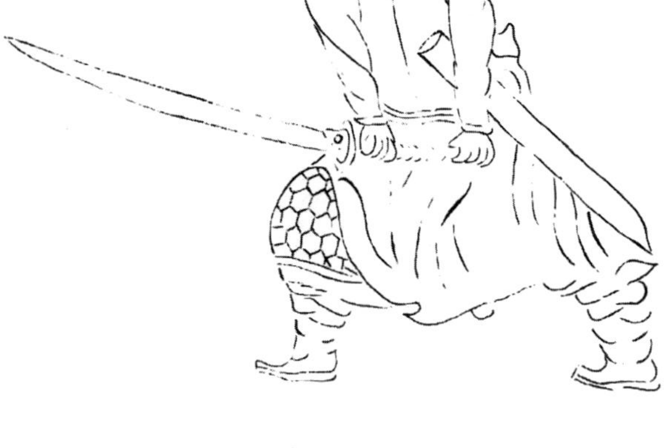

左定膝刀势

将刀推出按于左膝上故鎗即有拏膀如鎗左攔開刀則退左步變成上弓势如鎗右攔開刀将身畧後一坐變成低看势鎗再扎入聽便砍殺

右提撩刀勢

此亦開左邊門户彼鎗扎入則將刀自下斜撩而上進右步則成左提撩

左提撩刀势

此亦開右邉門户彼鎗扎入則将刀自下斜撩而上進左步復成右提撩聽便砍殺

此二势乃倭人之絶技也

上弓刀势

此将刀斜横右膝前開當面門户彼鎗扎入則将刀往左一格進左步于右邉則成低看勢

低看刀势

此亦開右邉門户彼鎗扎入則将刀往右一格進右步于左邉後成上弓势此二势左右格鎗兩邉閃躲進步跟鎗勿離聽便砍殺

外看刀势

此開右邊門户彼鎗扎入我進右脚于左用刀往右推開彼鎗進左步右脚滃步滚身跳進再進左脚横靠一刀又進右脚往右一撬復砍一刀

右獨立刀勢

此亦開右邉門户彼鎗扎入則將刀往右後一攬開鎗斜進右步為左獨立聽便砍殺

左獨立刀勢

此開左邊門户彼鎗扎入則将刀往左後一擋開鎗斜進右步砍一刀

单撩刀势

此先或立埋頭势或入洞势餌彼鎗扎入我将刀横揭起開他鎗斜進右脚单手自下撩起一刀

腰砍刀势

此先单手撩一刀其势力已归于左邊单手再復回横砍一刀

埋頭刀势

此開左邊門户將左邊身體向敵餌彼鎗扎入以刀横欄開鎗斜進右脚換左手共持鈀聽便砍殺

入洞刀勢

此亦開左邊門户側身放空餌彼鎗入則將刀自下棚起他鎗進右步單手自下斜撩而上

少林拳棒譜續見血封喉哂藥方　卷之八

取生鮮草烏一二斗洗去泥沙用羅盛将脚踹去黑皮以肉白為度搗碎用布濾窄出汁、乾為度去渣用磁盆盛汁澄汁盆底下有粉去粉約以清汁有十碗用四碗入鍋内煎一滚起沫用竹片刮去沫傾入磁盆内再将存六碗生汁入煎熱汁内一順攪匀露一宿明早取澄清汁散分于碗内下澄渣粉不用以汁多寡以碗大小盛之放日中晒至午時又取澄清汁下澄渣粉不用晒至晚如前取澄清汁再用薄綿紙鋪罩籮内濾過去渣第二日第三日如前晒法澄去渣粉再紙濾去渣粉每日晒時用竹片從碗底挑起順攪晒方不致上熨下生至第四日晚濾稠藥存留勿去另用碗盛露一宿取澄清汁用底下存硬稠者不用第五日入前汁一攪晒、至六七日各碗漸少以汁多寡减去餘碗再分各碗晒時觀看碗絃上起黑砂點子面上結氷有五色雲象其色紅黑如香油樣攪歸磁盆内放淨處陰四五日再用磚砌一爐高二尺周圍大可容藥盆放内中為度爐中離地上一尺五寸用木物架盆于上爐上空五寸用布物盖于藥上不致烟透走爐旁取一大門如鵝蛋大從地起高三寸外用炭火十數塊并欓楲柴又名繫條又名榥楲又用皂角花椒同燒烟令入火門內燻藥盆熱藥面上結成冰是火候好矣約燻一時之候其結冰要厚如薄再燻再看冰厚則除火取藥出令冷收入磁瓶內封固聽用如冬天寒冷用絮物包放煖處勿令凍着如夏天熱時放于清涼之處勿令潮壞如冬凍着夏潮壞出沫用磁盆盛如前法上爐燻之藥熱即止或將藥上箭上用皂角花椒烟燻之[illegible]舊前藥晒時如遇日色太緊晒一二

日又要露一宿如日色淡緩不必露矣初做藥之日觀天色晴明即用爲頭如前法製之如晒一二日有雨將照前燻藥爐上只用炭火烘熱蓋爲度攪勻又放淂一二日候晴再照前法晒之爲頭取末不可堆厚恐爛壞必要濕地下攤開不可見風恐吹乾無汁即取即搗爲妙其藥製完放瓶内封固日久下澄有撊者如似糖樣挑起取用上箭最快箭到身上不滿數步即死矣此名爲晒藥比燻藥更妙其藥忌見香油如入點香油藥即解無効其性有三飛見血飛見油飛見水飛造此宜慎

燻藥方

用草烏鮮者洗舂澄清汁去粉渣皆如前方製度同取清汁聽其多寡分盛大磁碗內用磚砌灶窑高二尺五寸周圍約容淂盛汁碗數若干如碗多砌大些寧寬有餘為妙一面開一火門高七寸濶五寸窑內中離上五寸用木或竹格成四方眼可容放盛汁碗在格眼上不致碗歪潑又用淨蓆一條覆在上面燒火皆在火門之外只令烟透入火門中上有蓆蓋則烟不上出內串燻藥不可將些炭放在門內燒有傷藥性頭一日發火預

先俻下檢栗乾柴破小塊燒在門外口邊條、小火莫火大時、用手換碗如碗熱則將數碗汁盡取出用新罐一個將薄棉紙一張鋪在内將汁傾入濾下去渣後散各碗仍舊放窑中用火烔燻此非别恐燻不匀有生熟之説故後和一起再散燻之用紙爈去渣者去碗上結皮耳又微、火燻一連三日三夜毋得斷火日夜不時手摸其碗熱則用紙如前濾過仍如舊燒燻之第四日夜去檢栗不用另用皂角乾柴如前燒烔燻之碗熱則取出用紙濾之又入窑内又燻至第五日夜去皂角柴另用

糟粃皮炭火花椒燒烟熏之亦如前碗熱用紙濾之至第六日
試藥用鷄一隻將翼下二節皮中用箭插入皮内將箭染藥一
點入鷄翅中如鷄回頭理翼毛二三次即死者藥已好矣不必
用烟熏再用底針將自己大腿上針入油皮穿透過針用藥一
點染針尖上拔出針一陣清痛則住又一陣清痛似至腿根又
住又一陣清痛至腋下此藥性甚速快如但一陣麻木痛不清
此藥性慢再用花椒烟熏一二時又試如前清痛乃藥性至矣
仍用紙濾清冷定用新磁瓶收藏如前法

中箭用觧

如人中箭必取出箭頭可服芝麻油一茶盃令他人口啣冷水吸箭傷處使藥不得攻內再換水再吸必使藥性不致腹下痛喉不際方住如無麻油取松毛擣汁用冷水調濾去渣服若無松毛即將地上挖一坑或自溺或他人溺調和泥漿水服之仍要人啣冷水吸出毒藥方得不死如箭傷要害處則難救矣

金剛三昧堅固地菩薩禪行序

大唐貞觀二年春三月太原李靖

後魏明帝太和年達摩面壁寺中謂徒衆曰盍各言所知衆具陳進脩師曰某得吾皮某得吾肉某得吾髓惟於會可曰尔得吾髓師西去於坐處得一函藏經二帙一曰洗髓一曰易筋僧不能譯告佛真正法門衆中一僧念師留此經必非無取乃遍訪名山於峩嵋遇西竺聖僧八剌密帝因陳來意聖僧曰佛祖心傳基先於此然經文雖譯佛語淵奧也乃一一指陳上僧於

山提挈進修百日而凝固再百日而充周更百日而暢達得金剛堅固地馴此入佛智慧地乃隨聖僧化行海外不知所終後徐洪客遇之海外得其秘諦授于虬髯傳於余、惜立志不堅僅得六化小技以功名終然而此經妙義並所未聞企望後學務期作佛勿以功名終也

紹興十二年湯陰牛皐鶴九

余武人也值中原淪喪二帝北狩因應岳元帥募上功為大將後於鄂遇一僧手持函囑余致少保叩其故曰知少保有神力

乎余曰不知也但見少保挽百石弩耳僧曰汝知天賦之欤曰
然僧曰非也余授之耳少保學於余神力功成余囑其入道不
從就人間功業此命也命將及矣急致此函或肯乎余叩其名
不荅時攝其神威不敢挽留後少保得函泣下曰吾師神僧也
因從襟中出一册付余曰好藏此册擇人而授勿使法門中絶
負神僧也後少保果受害余凡眼不識誰具佛根堪傳此術者
今藏嵩山石壁俟有緣者得之以進道或可酧少保於天上乎

西竺般剌密帝譯義

東來初祖傳

總論譯文

世尊謂學佛教者初基有二，一曰清虛，一曰勇往。不克辨此，進道無基。清虛為何？洗髓是也。勇往何為？易筋是也。原夫人身皆筋之用，弛則痪，挛則瘈，靡則委，弱則懈，絶則亡。今以人功變弱為強，変挛為長，変柔為剛，変衰為康，為之力也，聖之基也。我命在我，然功有漸次，法有内外，氣有運用，行有起止，以至藥物器用、制節侯歲年、起居飲食、徵驗始終，務期先辨信心，勇往精進，用功不已，無不立躋聖域也。

膜論

骨髓之外皮肉之內五臟六腑四肢百骸皆膜也附於骨肉煉筋尚易煉膜則難修煉之士以氣為主修煉氣至筋膜齊堅然筋體歷重氣多則起膜體沉濁氣不培充不能起發煉至筋起之候倍加工力俟周身膜皆騰起與筋齊堅外著于皮並堅其肉始為氣充了當否則筋無助

內壯

內壯言道外壯言勇道植聖基勇僅俗務其法有三一曰守

中、專於積氣下手之要妙。手用揉、則解襟仰卧一掌之下胸腹之間即名中此存氣之地應須守之舍眼光凝耳韻勻鼻息緘舌氣四肢不動是名守中一身之中精氣與神俱注於是若意念紛紜神氣隨之而不凝注虛所揉也無有是處一曰萬勿他念人身中精神氣血悉役於意守中之時一意掌下若馳念一掌之外或各肢體其所凝積精氣於神隨即走散若至肢體即成外壯非內壯矣揉而不積虛所揉也無有是處 三曰氣欲充周精神血脈悉皆附之守而不馳真積

力久則滿充徧若未充周意馳於外更散四肢則外勇不全內壯亦不堅也兩無是處

揉法

式有二一曰起功春煉法三取每段一百日二月中旬起手下功人之一身右氣左血揉法鮮襟右邊推左氣入血分後其通融又胃在左揉令胃寬能多納氣揉取右掌便用不勞二曰揉宜輕淺凡揉之法雖人功宜法天義但或推盈徐、往來勿重勿輕久、自得設令太重必傷皮膚致生瘢痱深

則傷肌肉筋膜致生腫勢兩無是處

日晶月華

二氣更融是生萬物至人善用久、仙玄其法密秘世人不知待内煉若毋論閑忙而操之功不可間斷盖取晶華益我神智愚澁濇消清靈日長百病不生日取於朔與月初交其氣新也月取於望金水盈滿其氣壯也初二初三十六十七於日出初登髙默對調匀鼻息細吸光華令滿一口閉息凝神細、咽下意送中宮是為一咽如此七咽靜守片時然後

起行月於戌亥時如前法

服藥

煉壯之功外資於揉內資於藥行功之始先服一丸約入中胃將化之時即行功夫揉與藥力兩相迎湊乃為得法過于不及皆無益也每行功三日服藥一丸

內壯方

野蒺藜炒去刺　熟地酒洗　白茯苓去皮　甘草蜜炙

白芍火煨　硃砂水飛各十兩　人參去芦　全當歸身酒洗

卷八　九

白朮 土炒　川芎 各二兩　共為末煉蜜丸重一錢滾水下

另立三品只取一品

野蒺藜 炒去刺　煉蜜丸重一錢　白茯苓 去皮蜜浸　搗為丸重錢許

硃砂 水飛　每三錢蜜水下

盪洗藥水

地骨皮　食鹽 各量用鹽水乘熱洗之　行功之時頻宜盪洗鹽能輕堅功力易入涼能散火不致聚焚一日一洗二日一洗功成乃已

氣血融和肌膚踈暢

初月行功

童子三人鮮襟仰卧心下臍上中正一掌自右而左推而揉之徐、往来匀、勿亂掌勿離皮亦勿遊移揉時宜心内觀守中勿忘勿助意不他馳精氣神注一掌中合法火候揉時熱睡更為得法如此二炷香早午晚共揉三次年少火盛早晚二次恐功太驟或致他虞行功既畢静睡片時清醒而起仍可應酧

二月行功

初功一月氣已凝聚胃寬大寬其腰兩旁筋皆騰起各寬寸餘

用氣努之硬如木斤是有驗也兩肋之間自心至臍軟而又陷

軟深于筋掌揉不到不能騰也至於此時前有揉處一掌之旁

各開一掌仍如前法徐、揉之其中軟處木杵深擣久則騰起

浮至於皮與筋齊堅全無軟陷始為全功此揉此擣准香三炷

日行三次

三月行功

功滿二月其間陷處至此畧起用木槌輕、打之兩旁所揉各

一掌處却用木槌如法擣之又於其旁至兩肋梢各開一掌如

法揉之準三炷香日行三次

四月行功

功掌三月其中三掌皆用木槌打其外二掌先搗後打日以三次功踰百日氣滿筋堅膜亦騰起是為有驗

行功輕重

初用童子一月已後氣漸堅凝須有力者漸、加重切勿太重或致動火切勿游移或致傷皮

用功淺深

初功用揉取其淺也次漸加力是因氣堅而增其重乃是淺也次功用搗取其深也次三用打、外屬淺振內屬深內外皆堅方為有淂

兩肋分內外

功踰百日氣已盈滿當此之時切勿用意引入四肢所揉之外切勿輕用槌杵搗打畧有引導則入四肢即成外勇不復歸行於皮肉間不成內壯矣入內之法乃用石袋從心口至於兩肋梢骨肉之間密、搗之兼用揉法并用打法如是久之則所積

充滿之氣循〻入骨入骨有路則不外溢始成内壯内外两岐
於此分界急宜審辨中間梢有些雜如引弓拿拳献打輕用力
势一間其路即趋於外縱加多功亦不入内

杵槌式

降真為上杵長六寸中徑寸半頂圓微細槌長一尺圓大四寸
把細頂粗其粗之中畧高寸許高處着肉两頭空間合式

石袋式

木杵与槌用在肉處骨縫之間悉宜石袋石取圓浄四無稜角

大如胡桃小如榴子水中着佳山燥動火土中鬱氣、不宜暢袋用細布縫作圓筩如木杵形頭圓長八寸次六寸三五寸石用半斤多一斤最多二十兩分置袋內以指挑之挨次撲打久、行之骨縫之間膜皆堅壯

五月六月七月八月行功法

功至百日心下兩脇旁筋之積已用石袋打而揉此處骨肉之交內壯外壯於此分界意切向外導引精氣向骨行氣循行處遂路而行心口至頸人自筋梢打至于肩周而復始不可倒行

日行三次香六炷勿間斷如此百日則氣滿寔任脉充盈

九月十月十一月十二月行法

二百日功氣充任脉再運腎后以充任脉從前之氣已上肩頭自肩自頸照前打法兼用揉法上循玉枕中至腰脊下至尾閭處、打遍周而復始不可倒行脊旁軟處以掌揉之或可槌打隨便打搗日行三次准香六炷或上或下或左或右揉打周遍如此百日氣滿脊厚督脉充矣凡打一遍用手遍搓令其匀潤

陰陽配合

陽衰多患瘦弱虛憊揉宜童子或用少婦陽盛陰衰多患火症揉亦宜童子亦用少婦

下部行功

三百餘日積氣已多任督充滿乃行下部令其貫通任督會通氣至相接功有二處一在睾丸一在玉莖在睾丸者曰攢曰掙曰搓曰拍在玉莖者曰咽曰捧曰摔曰撫曰握曰洗曰束曰養其十一字咽洗束養四字除外其餘七字用手行功自輕至重自鬆至緊自勉至安周而復始不計遍數日行三次准香六炷

百日功成凡攢掙握拍捽撫用手行之次漸輕重咱者初行功時光吸清氣一口默送至胃次吸一口送至臍又吸一口送下部行功之處然後行攢掙争法握字努氣以至於頂乃為滑力日以為常洗以藥水日盈兼洗通和氣血蒼老皮膚束字洗畢用帛作繩束其根莖緊鬆適宜常伸不屈功成物壯久戰殊常先用舊鼎時、餐之切戒馳驟務令慣戰行滿百日弱强揉剛縮者自長病者自康堅禦木石以之鏖戰並無其敵以之採取即滑玄珠以之延嗣則百斯男

行功禁忌

自上部初功至此三百有餘日勿多近内百日之内全宜禁戒百日功畢可行一次以導其滞向後多同行下部時五十一日日〻䟽放行一次遂舊生新自此以後慎加保守作壮之本萬勿浪用功成氣堅収放在我順施則人逆用成道

下部洗藥　將藥煎湯温热緩〻洗之日一二次不可斷

地骨皮　蛇床子　甘草　各量用

用戰

精氣神煉至堅固作用根基希仙作佛人緣未了用之臨陣要氣不外馳意有所屬則精不外走

內壯神勇

壯有內外自行脇肋搽打氣入骨分任督充行尚未見力何以言勇蓋氣不到手用石袋照前打之先從右肩以次打下至於右手中指背又從肩前打至大食二指之背又行肩后打至無名小指之背又從肩裡打至掌內大食二指之梢又從肩外打至掌內中指無名小指之梢打畢用手處、搓擦搽令其匀和日以六次分行三次時用盪洗以疎氣血功滿百日其氣始透乃行左手仍用前法功亦百日則從骨中生出神力久、加功臂腕指掌迥異尋常以意努之硬如鉄石牛腹牛頭並指側掌可貫可斷拳碎虎腦特小技耳

鍊手餘功

鍊手之際用功之後常以藥水盪洗初温次热後大热自掌反腕皆遍洗、完勿拭擺散兩手以意努氣至於指尖是生力法以黑录二豆裝筩內以手時擦不記遍数能除火力堅老皮膚

如此工久所積之氣而手力充氣足皮肉筋骨與膜相着於骨堅而不軟不用如常如或用之注氣努力堅如鉄石此力從骨生出与并不同內外之法看筋可驗內壯之功筋脉調暢皮肉細膩為力極重外壯之功皮膚粗老掌腕周身實、是筋蟠結於外浮在面皮

內壯神力 八段錦

內壯既熱骨力堅凝然後引外功染八法提舉推扯揪按抓墜努行之各三遍周而復始不記遍数日行三次每次六香久、

功成力充周身用時照法力可扛鼎八法之要遂字單行以次相及更為精專

神勇餘力

內外兩全方稱神勇常宜演鍊擰茂林中或槌或抱推扯踢拔取其精氣但大林中土氣生旺努以生力不懈成功又於山中挺立大石秀潤完美亦如上法蓋木与石天地英氣取之有益

金剛三昧堅固地寔義終

辛丑戢天子一統余游海岱長白遇羌人止而飲因問所之

對曰訪師耳問何長曰勇耳謂試以腹乃以木石令壯士擊之若罔知也又以幕帶繫其睾丸綴以牛車之輪壓以巨石拽輪而走若馳也又擊其脛足令壯士拽之不移衆駭曰天歟人歟曰人也非天也究其用曰卻病一永無疾病二終身壯健三飢寒不迫四多男五御女百勝六泥水探珠七禦侮八功成不退凡此皆小用耳九作佛之基乃其上也因授一冊囑秘勿洩焚香竟讀方知神勇生於積氣易筋全在功夫五十餘年拘泥於理不知理外別有天地中華異書皆灰於

秦火吾恐是經也縱向無是地亦非中土人之所易窺也

康熙己酉冬月紫凝道人識於古肅然山之白雲磵

少林拳棒鎗刀譜卷八全終

少林拳棒枪刀谱卷七、卷八校释

少林拳棒枪刀谱卷之七

刀图〔一〕

斜削刀势

如抱刀怀中，以右肩向敌。彼扎右脚，用刀斜削开枪，则刀偏于右旁。他起枪扎面，偷左步，将刀绕开枪，顺砍一刀。

〔一〕刀图出自程宗猷耕余剩技·单刀法选（后文简称单刀法选）中的『单刀式图』『续刀势图』，除顺序与原文有所不同外，本谱缺少『你我拔刀势』『拔刀出鞘势』『收刀入鞘势』。

收刀势

用党（完）〔一〕刀法，将刀往头上左进〔二〕一刀，曲湾（弯）〔三〕右手，以刀背搁在肘上，再用手反拿刀靶（把）〔四〕入鞘。

单刺刀势

单手刺去一刀，收回挽五花，曲左手肘，垫起刀背，往头上过，担于右肩上。〔五〕

〔一〕党，单刀法选作「完」字，当是。
〔二〕进，单刀法选作「绕」字。
〔三〕湾，据文义，当作「弯」字。后同。
〔四〕靶，据文义，当作「把」字，意为器物的把儿。后同。慧琳一切经音义卷六十二引字书：「靶，柄也。」
〔五〕单刀法选原图虽没有显示完整的刀形，但此图刀形有误，单刺刀势是手外旋阳手出刀，刀尖应朝上。

担肩刀势

将刀横放右肩，前手偏垂于左，持（特）〔一〕露出左手里腹胁，诱他枪扎入。用左肘往右横垫开枪，左右二脚斜跳而入，随加左手共持刀靶（把）砍杀。【『单提』『担肩』二势，乃倭人〔二〕谲诱〔三〕之法。但人见此大空，即欺之，多是用枪着实扎去，常堕其计中。故云：『欺敌者亡耳。』】

低插刀势

先立低看势，彼枪扎左脚，用低插一提，彼枪起扎面，将刀背勾开枪，斜进右脚砍杀。

〔一〕持，单刀法选作『特』字，当是。

〔二〕倭人，单刀法选作『倭奴』。我国古代称日本为倭，汉书·地理志下：『乐浪海中有倭人。』下文不再逐一标注。

〔三〕谲，欺诈；诱，欺骗、诱骗。

单提刀势

右手持刀，将左身并手侧，偏于右边，特露出左手、外腹胁，诱他枪扎入。斜进左步于右，将左手挽开枪，随进右步，单刀平直刺去。

按虎刀势

按刀在右手，即成此势，再好进步，听变『埋头』『入洞』二势，从便砍杀。

背砍刀势

如先立外看势，彼枪从右扎入，我将刀往右推开枪，进左脚偷右步，左转身，横靠一刀。

压刀势

将右手阴持刀，蹲身压下低势。左手直伸于后，刀尖斜向上，以便丢刀高起。

丢刀接刀势

压刀，将刀口向下，丢起刀，待刀落下，右手阳伸〔一〕接刀。但刀丢起落下，毋使刀转动，则接刀持靶（把），刀口向前，则便运用。如刀丢起落下转动不定，及接持刀口不能向前，或左或右，则刀难于运用矣。

带刀势

二足并立，唯右膝梢（稍）〔二〕湾（弯），左膝直站，名为『雌雄脚』。左手按刀鞘，右手持刀靶（把），以左肩向前，颠步进左脚于右，再将左身进右步出刀〔三〕。

〔一〕伸，单刀法选作『仰』字。

〔二〕梢，据文义，应为『稍』字之误。

〔三〕再将左身进右步出刀，单刀法选作『再左转身进右步出刀』。

出刀势

右手阳掌持靶（把），出刀于右，横斜刀尖在左，示胸腹大空待敌。彼枪扎入，略偷左脚移于右，用刀靶（把）拶（压）[一]下枪，随加左手共持刀靶（把），则刀尖斜横右边，以右肩向敌。彼枪又扎入，即起拿砍一刀。如成（式）[二]外有势，彼枪又扎入，斜进右脚，用刀背勾开枪，即进左脚砍杀。

又一着，如前出刀之势。彼枪扎入，亦如前移步，将刀靶（把）拶（压）下枪，大偷左脚，右转身进右步，背砍一刀。

藏刀势

此因彼枪变幻难测，故悬挂小刀二三把藏用。一把藏拿左手，以左肩背向敌，勿令敌见，使之无防，以便将刀飞刺。

〔一〕拶，据文义，应为『压』字之误。后同。
〔二〕成，单刀法选作『式』字，当是。

飞刀势

此将小刀飞刺去，彼必招架，乘此之机，用刀砍之，乃短技长用也。

迎推刀势

此先立外看势，开右边门户。彼枪扎不实，则将刀往右，开彼枪，彼复实扎我怀里，略偷左脚于右，砍断彼枪。

刀背格（格）〔一〕铁器势

刀口薄，始利。如遇彼用铁义（叉）〔二〕、铁鈀（钯）〔三〕重器之类，若将刀口砍挌（格），则刀口必伤，何以杀敌？故用刀背，以势中之法，击格为妙。

右定膝刀势

此将刀推出，按右膝上。如彼左右扎我，我即那（挪）〔四〕步进，用刀挨〈前〉〔五〕削彼枪。彼扎我脚，用刀一提；彼扎我面，用刀一砍；彼拿我刀，即变外看势；彼拦我刀，即变上弓势，听便砍杀。

〔一〕挌，据文义，疑为『格』字之误。后同。
〔二〕义，据文义，应为『叉』字之误。
〔三〕鈀，单刀法选作『钯』字，当是。钯为农具，亦为古兵器。正字通·金部：『钯，五齿，平土除秽用之，俗呼为钯。』清代王晫兵仗记：『钯之制有二，曰铁钯，曰木钯。铁钯之头，直刃，横齿皆铁。』
〔四〕那，据文义，当作『挪』字。
〔五〕前，据单刀法选，疑为衍文。

朝天刀势

此以左肩背胯脚向敌，饵彼枪扎入。我起左脚〔一〕，将刀背往左一搅开枪，随进右脚砍杀。

拗步刀势

此左脚向前，开右边门户。彼枪扎入，则将刀往右后一搅，进右脚，再进左脚，剪步斜入，听便砍杀。

〔一〕我起左脚，单刀法选作『我悬起左脚』。

左定膝刀势

将刀推出，按于左膝上，故枪即有拿劈。如枪左拦开刀，则退左步，变成上弓势；如枪右栏（拦）〔一〕开刀，将身略后一坐，变成低看势，枪再扎入，听便砍杀。

右提撩刀势

此亦开左边门户。彼枪扎入，则将刀自下斜撩而上，进右步，则成左提撩。

〔一〕栏，据文义，疑为『拦』字之误。后同。

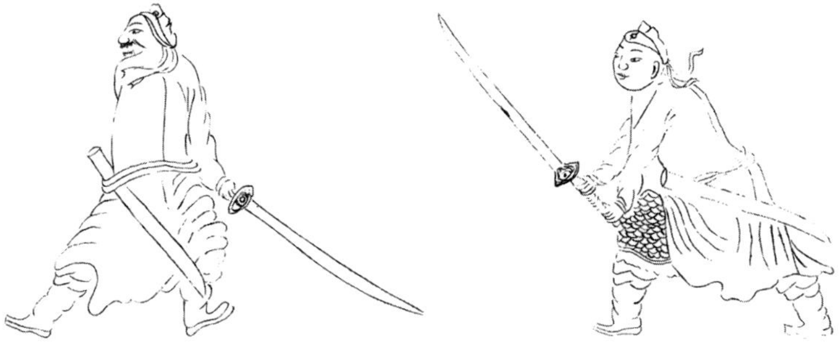

左提撩刀势

此亦开右边门户。彼枪扎入，则将刀自下斜撩而上，进左步，复成右提撩，听便砍杀。【此二势乃倭人之绝技也】

上弓刀势

此将刀斜横右膝前，开当面门户。彼枪扎入，则将刀往左一格，进左步于右边，则成低看势。

低看刀势

此亦开右边门户。彼枪扎入，则将刀往右一格，进右步于左边，复成上弓势。此二势左右格枪，两边闪躲，进步跟枪勿离，听便砍杀。

外看刀势

此开右边门户。彼枪扎入，我进右脚于左，用刀往右推开彼枪。进左步〔一〕，右脚偷步，滚身跳进，再进左脚，横靠一刀，又进右脚，往右一揽，复砍一刀。

〔一〕进左步，单刀法选作『进左脚』。

右独立刀势

此亦〔一〕开右边门户。彼枪扎入，则将刀往右后一搅开枪，斜进右步为左独立，听便砍杀。

左独立刀势

此开左边门户。彼枪扎入，则将刀往左后一搅开枪，斜进右步砍一刀。

〔一〕亦，单刀法选中无此字。

单撩刀势

此先或立『埋头势』或『入洞势』，饵彼枪扎入，我将刀横揭起开他枪，斜进右脚，单手自下撩起一刀。

腰砍刀势

此先单手撩一刀，其势力已归于左边，单手再复回，横砍一刀。

埋头刀势

此开左边门户。将左边身体向敌，饵彼枪扎入，以刀横栏（拦）开枪，斜进右脚，换左手共持靶（把），听便砍杀。

入洞刀势

此亦开左边门户。侧身放空，饵彼枪入，则将刀自下棚（掤）〔一〕起他枪，进右步，单手自下斜撩而上。

〔一〕棚，据文义，应为『掤』字之误。后同。

少林拳棒谱续　卷之八〔一〕

见血封喉哂（晒）〔二〕药方〔三〕

取生鲜草乌〔四〕一二斗，洗去泥沙，用罗（箩）〔五〕盛，将脚踹去黑皮，以肉白为度。捣碎用布滤，窄（榨）〔六〕出汁，汁干为度，去渣〔七〕，用磁（瓷）〔八〕盆盛汁。澄汁，盆底下有粉，去粉〔九〕，约以清汁有十碗。用四碗入锅内，煎一滚，起沫，用竹〔一〇〕片刮去沫，倾入磁（瓷）盆内。再将存六碗

〔一〕原谱名为少林拳棒谱续见血封喉哂药方　卷之八。这部分内容涉及中医学及伤科药方，具体运用须参考医疗或运动损伤专业图书，校释仅对古籍原文进行整理，不涉及专业知识。

〔二〕哂，据文义及程宗猷耕余剩技·蹶张心法（后文简称蹶张心法），应为『晒』字之误。

〔三〕『见血封喉哂药方』及下文『熏药方』『中箭用解』均出自蹶张心法，个别文字稍有不同。

〔四〕草乌，又名乌头、草乌头，中药名，具有祛风除湿、温经散寒、消肿止痛的功效。内服过量可致中毒。

〔五〕罗，蹶张心法作『箩』字，当是。

〔六〕窄，据文义及蹶张心法，当作『榨』字。

〔七〕『去渣』后，蹶张心法另写有『不用』两字。

〔八〕磁，旧同『瓷』字。后同。明代谢肇淛五杂组·物部：『今俗语窑器，谓之磁器者，盖河南磁州窑最多，故相沿名之。』

〔九〕『去粉』后，蹶张心法另写有『不用』两字。

〔一〇〕竹，蹶张心法作『篾』字。

生汁，入煎热汁内，一顺搅匀，露一宿。明早取澄清汁，散分于碗内，下澄渣粉不用，以汁多寡，以碗大小盛之放日中。晒至午时，又取澄清汁，下澄渣粉不用。晒至晚，如前取澄清汁，再用薄绵纸铺罩篱〔一〕内，滤过去渣。第二日、第三日如前晒法，澄去渣粉，再纸滤去渣粉。每日晒时，用竹片从碗底挑起顺搅晒，方不致上熟下生。至第四日晚，滤稠药存留勿去，另用碗盛，露一宿，取澄清汁用，底下存硬稠者不用。第五日，入前汁一总晒，晒至六七日，各碗渐少，以汁多寡，减去余碗，再分各碗。

晒时，观看碗弦〔二〕上起黑砂点子，面上结冰，有五色云象，其色红黑如香油样，总归磁（瓷）盆内，放净处阴四五日。再用砖砌一炉，高二尺，周围大可容药盆放内中为度。炉中离地上一尺五寸，用木物架盆于上。炉上空五寸，用布物盖于药[盆之]〔三〕上，不致烟透走。炉旁取一火门，如鹅蛋大，从地起高三寸。外用炭火十数块，并枥槭柴【又名『系条』，又名『枧槭』】，又用皂角、花椒同烧烟，令入火门内熏药盆。热药面上结成冰，是火候好矣。约熏一时之候，其结冰要厚，如薄再熏。再看冰厚，则除火取药出，令冷，收入磁（瓷）瓶内，封固听用。

如冬天寒冷，用絮物包放暖处，勿令冻省；如夏天热时，放于清凉之处，勿令潮坏。如冬冻省夏潮坏出沫，用磁（瓷）盆盛，如前法上炉熏之，药热即止。或将药上箭上，用皂角、花椒烟熏之如旧。

〔一〕罩篱，即笊篱。

〔二〕弦，旧时有边之意。

〔三〕盆之，据蹶张心法所补。

前药晒时，如遇日色太紧，晒一二日，又要露一宿。如日色淡缓，不必露矣。

初做药之日，观天色晴明，即用乌头，如前法制之。如晒一二日有雨，将照前熏药炉上，只用炭火烘热盖为度。搅匀，又放得一二日，候晴，再照前法晒之。乌头取来不可堆厚，恐烂坏，必要湿地下摊开，不可见风，恐吹干无汁，即取即捣为妙。其药制完，放瓶内封固日久，下澄有稠者如砂糖样，挑起取用，上箭最快，箭到身上，不满数步即死矣。此名为『晒药』，比熏药更妙。其药忌见香油，如入点香油，药即解无效。其性有三飞：见血飞，见油飞，见水飞，造此宜慎〔一〕。

熏药方

用草乌鲜者，洗、舂，澄清汁，去粉渣，皆如前方制度，同取清汁，听其多寡，分盛大磁（瓷）碗内。用砖砌灶窑，高二尺五寸，周围约容得盛汁碗数若干。如碗多，砌大些，宁宽有余为妙。一面开一火门，高七寸、阔五寸。窑内中离上五寸，用木或竹格成四方眼，可容放盛汁碗在格眼上，不致碗歪泼。又用净席一条，覆在上面。烧火皆在火门之外，只令烟透入火门中。上有席盖，则烟不上出。内串（中）〔二〕熏药，不可将些炭放在门内烧，有伤药性。

〔一〕造此宜慎，蹶张心法作『造藏甚忌』。

〔二〕串，据文义及蹶张心法，应为『中』字之误。

头一日发火，预先备下检栗〔一〕干柴，破小块，烧在门外口边，徐徐小火，莫火大，时时用手换（摸）〔二〕碗。如碗热，则将数碗汁尽取出，用新［罩］〔三〕篱一个，将〔四〕薄棉（绵）〔五〕纸一张铺在内，将汁倾入滤下，去渣〔六〕，复散各碗，仍旧放窑中用火烟熏。此非别，恐熏不匀，有生熟之说，故复和一起再散熏之。用纸滤去渣者，去碗上结皮耳，又微微火熏，一连三日三夜，毋得断火。日夜不时手摸其碗，热则用纸如前滤过，仍如旧烧熏之。第四日夜，去检栗［柴］〔七〕不用，另用皂角干柴如前烧烟熏之。碗热，则取出用纸滤之。又入窑内，又熏。至第五日夜，去皂角柴，另用糠秕皮、炭火、花椒烧烟熏之，亦如前，碗热，用纸滤之。

至第六日试药。用鸡一只，将翼下二节皮中，用箭插入皮内，将箭染药一点入鸡翅中。如鸡回头理翼毛二三次即死者，药已好矣，不必用烟熏。再用底针，将自己大腿上，针入油皮，穿透过针，用药一点染针尖上，拔出针一阵清痛则住，又一阵清痛似至腿根又住，又一阵清痛至腋下，此药性甚速快。如但一阵麻木痛不清，此药性慢，再用花椒烟熏一二时。又试如前清痛，乃药性至矣，仍用纸滤清冷定，

〔一〕栗，指栗树的木材。

〔二〕换，据文义及蹶张心法，应为『摸』字之误。

〔三〕罩，据文义及蹶张心法所补。

〔四〕将，蹶张心法作『又用』。

〔五〕棉，据文义，应为『绵』字之误。

〔六〕『去渣』后，蹶张心法另写有『不用』两字。

〔七〕柴，据蹶张心法所补。

用新磁（瓷）瓶收藏如前法。

中箭用解

如人中箭，必取出箭头，可服芝麻油一茶杯〔一〕，令他人口衔冷水，吸箭伤处，使药不得攻内；再换水再吸，必使药性不致腋下，痛喉不紧〔二〕方住。如无麻油，取松毛捣汁〔三〕，用冷水调，滤去渣服〔四〕。若无松毛，即将地上挖一坑〔五〕，或自溺，或他人溺，调和泥浆水，服之，仍要人衔冷水吸出毒药，方得不死。如箭伤要害处，则难救矣。

金刚三昧坚固地菩萨禅行序〔六〕

大唐贞观二年春三月太原李靖

后魏明帝太和年，达摩面壁寺中。谓徒众曰：『盍各言所知？』众具陈进修。师曰：某得吾皮，

〔一〕杯，蹶张心法作『钟』字。

〔二〕紧，当是描述草乌中毒后的喉咙水肿、痉挛导致呼吸不畅的感觉。

〔三〕取松毛捣汁，蹶张心法作『取松树毛捣烂』。松毛，松叶的异名，中药名，具有祛风燥湿、杀虫止痒的功效。

〔四〕滤去渣服，蹶张心法作『滤去渣，服汁』。

〔五〕坑，蹶张心法作『窟』字。

〔六〕金刚三昧坚固地菩萨禅行即易筋经，然其内容与文句，与清代诸本易筋经稍有差异。佛教中有『金刚三昧经』，而无『金刚三昧坚固地菩萨』之名。此名或由『李靖序』中所谓练此功法可得『金刚坚固地』一语演绎而来。

某得吾肉，某得吾髓（骨）〔一〕，惟于会（慧）可〔二〕曰：『尔得吾髓。』师西去，于坐处得一函，藏经二帙：一曰洗髓，一曰易筋。僧不能译告佛真正法门。众中一僧，念师留此经必非无取，乃遍访名山，于峨嵋〔三〕遇西竺圣僧八（般）〔四〕刺密帝，因陈来意。圣僧曰：『佛祖心传，基先于此。然经文难译，佛语渊奥也。』乃一一指陈，上（止）〔五〕僧于山，提挈进修，百日而凝固，再百日而充周，更百日而畅达，得金刚坚固地。驯此，入佛智慧地。乃随圣僧化行海外，不知所终。后徐洪客〔六〕遇之海外，得其秘谛，授于虬髯〔七〕，传于余。余惜立志不坚，懂得六化（花）〔八〕小技，以功名终。然而此经妙义，世所未闻，企望后学务期作佛，勿以功名终也。

〔一〕髓，据文义及西谛本易筋经（后文简称『西谛本』），应为『骨』字之误。西谛本抄本现藏于中国国家图书馆。

〔二〕会可，当指中国佛教禅宗二祖慧可。

〔三〕峨嵋，即峨眉，旧作『峨嵋』。

〔四〕八，据下文及宋高僧传，应为『般』字之误。般刺密帝，又作般刺蜜谛，唐代西竺高僧。

〔五〕上，据文义及诸本易筋经，应为『止』字之误。

〔六〕徐洪客，又作徐鸿客，隋朝道士，新唐书·李密传曾载其上书李密之事。

〔七〕虬髯，即唐代传奇虬髯客传中的人物。

〔八〕六化，据文义，应为『六花』之误，指古代兵阵，据说创自李靖。

绍兴十二年汤阴牛皋鹤九〔一〕

佘（余）〔二〕，武人也。值中原伦（沦）〔三〕丧，二帝北狩。因应岳元帅幕（募）〔四〕，上功为大将。复于鄂，遇一僧手持函，嘱余致少保。叩其取（故）〔五〕，曰：『知少保有神力乎？』余曰：『不知也，但见少保挽百石弩耳。』僧曰：『汝知天赋之欤？』曰：『然。』僧曰：『非也，余授之耳。少保学于余，神力功成，余嘱其入道，不从，就人间功业，此命也，命将及矣！急致此函，或省乎！』余叩其名，不答。时摄其神威，不敢挽留。

后少保得函，泣下曰：『吾师，神僧也！』因从襟中出一册付余，曰：『好藏此册，择人而授，勿使法门中绝，负神僧也。』后，少保果受害。余凡眼，不识谁具佛根堪传此术者。今藏嵩山石壁，俟有缘者得之以进道，或可酬少保于天上乎！

〔一〕此处『绍兴』为宋高宗年号，绍兴十二年即一一四二年。汤阴是岳飞的故乡，牛皋是河南鲁山人。这两段序文与西谛本相比，文字压缩，省去了诸多细节描写，后文功法部分及『紫凝道人跋』也有此特征。

〔二〕佘，据文义，应为『余』字之误。

〔三〕伦，据文义，疑为『沦』字之误。

〔四〕幕，据文义及诸本易筋经，应为『募』字之误。

〔五〕取，据文义及诸本易筋经，应为『故』字之误。

东来初祖传　西竺般剌密帝译义

总论译文

世尊谓学佛教者初基有二：一曰清虚，一曰勇往。不克办此，进道无基。清虚为何？洗髓是也。勇往何为？易筋是也。原夫人身皆筋之用，弛则痪〔一〕，挛则痪〔二〕，靡则委（痿）〔三〕，弱则懈，绝则亡。今以人功，变弱为强，变挛为长，变柔为刚，变衰为康，为之力也，圣之基也，我命在我〔四〕。然功有渐次，法有内外，气有运用，行有起止。以至药物器用制，节候岁年，起居饮食，征验始终。务期先办信心，勇往精进，用功不已，无不立跻圣域也。

膜论

骨髓之外，皮肉之内，五脏六腑，四肢百骸，皆膜也。附于骨肉，炼筋尚易，炼膜则难。修炼之士以气为主，修炼气至，筋膜齐坚。然筋体虚重（灵）〔五〕，气多则起；膜体沉浊，气不培充，不能起发。

〔一〕弛则痪，西谛本作『试观筋弛则痪』。弛，松弛；痪，瘫痪。

〔二〕挛，蜷曲不能伸直；瘈，抽搐，痉挛。

〔三〕靡，细腻。委，西谛本作『痿』字，当是。痿，身体筋骨萎缩、偏枯。

〔四〕我命在我，道教的基本思想。原出魏晋道教经典西升经，其云『我命在我，不属天地』。东晋葛洪的抱朴子·内篇亦有句云：『我命在我不在天，还丹成金亿万年。』这深刻反映了古代道教强调通过个人努力，以冀长生不老的思想。

〔五〕然筋体虚重，王端履本易筋经（后文简称『王端履本』）与来章氏本易筋经（后文简称『来章氏本』）无此句。此处『重』字，据西谛本、述古堂本易筋经（后文简称『述古堂本』），应为『灵』字之误。述古堂本现藏于台湾的图书馆。

炼至筋起之候，倍加工（功）〔一〕力，俟周身膜皆腾起，与筋齐坚。外著于皮，并坚其肉，始为气充了当。否则，筋无助。

内壮

内壮言道，外壮言勇。道植圣基，勇仅俗务。其法有三。

一曰守中，专于积气。下手之要，妙乎用揉。揉则解襟仰卧，一掌之下，胸腹之间，即名『中』。此存气之地，应须守之。舍眼光，凝耳韵，匀鼻息，缄舌气，四肢不动，是名『守中』。一身之中，精气与神俱注于是。若意念纷纭，神气随之而不凝注，虚所揉也，无有是处。

一（二）〔二〕曰万勿他念。人身中精神、气血悉从于意。守中之时，一意掌下。若驰念一掌之外，或各肢体，其所凝积精气于神，随即走散，若至肢体，即成外壮，非内壮矣。揉而不积，虚所揉也，无有是处。

三曰气欲充周。精神、血脉悉皆附之，守而不驰，真积力久，则满充遍。若未充周，意驰于外，更散四肢，则外勇不全，内壮亦不坚也，两无是处。

〔一〕工，古文中通『功』字。

〔二〕一，据文义，应为『二』字之误。

揉法

式有二。一曰起功春［月］〔一〕。炼法三取（段）〔二〕，每段一百日，二月中旬起手下功。人之一身，右气左血。揉法：解襟，右边推左，气入血分〔三〕后其通融。又胃在左，揉令胃宽能多纳气。揉，取右掌便用不劳。二曰操宜轻浅。凡揉之法，虽人功，宜法天义。但或推盈，徐徐往来，勿重勿轻，久久自得。设令太重，必伤皮肤，致生瘢（癍）痱〔四〕；深则伤肌肉、筋膜，致生肿热，两无是处。

日晶（精）〔五〕月华

二气更融，是生万物，至人善用，久久仙玄。其法密秘，世人不知。待〔六〕内炼，若毋论闲忙而揉之，功不可间断。盖取晶（精）华，益我神智，愚涩潜消，清灵日长，百病不生。日取于朔，与月初交，其气新也；月取于望，金水盈满，其气壮也。初二、初三、十六、十七，于日出初登高默对，调匀鼻息，细吸光华，令满一口，闭息凝神，细细咽下，意送中宫，是为一咽。如此七咽，静守片时，然后起行。月于戌亥时〔七〕，如前法。

〔一〕月，据西谛本所补。起功春，西谛本作『春月起功』。

〔二〕取，据文义及西谛本，应为『段』字之误。

〔三〕血分，中医学名词，这里泛指病在血者，与『气分』相对而言。

〔四〕瘢，据文义，应为『癍』字之误。痱，痱子。癍痱，指类似痱子状的斑疹。

〔五〕晶，西谛本等作『精』字，当是。后同。

〔六〕待，西谛本作『行』字。

〔七〕戌亥时，按照十二时辰计时法，戌时、亥时是最后两个时辰，戌时是晚上七点到九点，亥时是晚上九点到十一点。

服药

炼壮之功，外资于揉，内资于药。行功之始，先服一丸，约入中胃，将化之时，即行功夫。揉与药力两相迎凑，乃为得法，过于（与）[一]不及，皆无益也。每行功三日，服药一丸。

内壮方

野蒺藜[二]【炒去刺】，熟地【酒洗】[三]，白茯苓[四]【去皮】，甘草[五]【蜜炙】，白芍[六]【火煨】，朱砂【水飞，各十两】[七]，人参【去芦】[八]，全当归[九]【酒洗身】，白术【土炒】[一〇]，川芎[一一]【各二两】，共为末，炼蜜丸，重一钱，滚水下。

〔一〕于，据文义及诸本易筋经，应为『与』字之误。

〔二〕蒺藜，中药名，具有平肝解郁、活血祛风、明目、止痒的功效。

〔三〕熟地，熟地黄的异名，中药名，具有补血滋阴、益精填髓的功效。酒洗，中药的一种炮制方法。

〔四〕白茯苓，中药名，具有利水渗湿、健脾、宁心安神的功效。

〔五〕甘草，中药名，具有益气补中、祛痰止咳、解毒、缓急止痛、缓和药性的功效。

〔六〕白芍，中药名，具有养血调经、敛阴止汗、柔肝止痛、平抑肝阳的功效。

〔七〕朱砂，中药名，具有清心镇惊、安神、明目、解毒的功效。水飞，中药的一种炮制方法。

〔八〕人参，中药名，具有大补元气、复脉固脱、补脾益肺、生津养血、安神益智的功效。去芦，指去掉人参末端的根茎。

〔九〕当归，中药名，具有补血活血、调经止痛、润肠通便的功效。

〔一〇〕白术，中药名，具有健脾益气、燥湿利水、止汗、安胎的功效。土炒，中药的一种炮制方法。

〔一一〕川芎，中药名，具有活血行气、祛风止痛的功效。

另立三品，只取一品

野蒺藜【炒去刺】，炼蜜丸，重一钱。

白茯苓【去皮蜜浸】，捣为丸，重钱许。

朱砂【水飞】，每三钱，蜜水下。

荡〔一〕洗药水

地骨皮〔二〕、食盐【各量，用盐水乘熟洗之】。行功之时，频宜荡洗。盐能轻坚，功力易入；凉能散火，不致聚热。一日一洗，二日一洗，功成乃已。气血融和，肌肤踈〔三〕畅。

初月行功

童子三人，解襟仰卧，心下脐上中正。一掌自右而左，推而揉之，徐徐往来，匀匀勿乱，掌勿离皮，亦勿游移。揉时冥心内观，守中，勿忘勿助，意不他驰，精、气、神注一掌中，合法火候。揉时熟睡，更为得法。如此二炷香，早、午、晚共揉三次。年少火盛，早、晚二次，恐功太骤，或致他虞。行功既毕，静睡片时，清醒而起，仍可应酬。

〔一〕荡，有洗涤、清除之意，西谛本、述古堂本、王端履本作『烫』字，来章氏本作『汤』字。

〔二〕地骨皮，中药名，具有凉血除蒸、清肺降火的功效。

〔三〕踈，同『疏』字。玉篇·足部：『踈，慢也，不密。』广韵·鱼韵：『疏，俗作踈。』疏，同『疏』字，西谛本也作『疏』字。此处『踈』即『疏』。

二月行功

初功一月，气已凝聚，胃宽大，宽其腰两旁，筋皆腾起，各宽寸余。用气努之，硬如木片，是有验也。两肋之间，自心至脐，软而又陷，软深于筋，掌揉不到，不能腾也。至于此时，前有揉处一掌之旁，各开一掌，仍如前法，徐徐揉之。其中软处，木杵深捣。久则腾起，浮至于皮，与筋齐坚，全无软陷，始为全功。此揉此捣，准香三炷[一]，日行三次。

三月行功

功满二月，其间陷处至此略起，用木槌轻轻打之。两旁所揉各一掌处，却用木槌如法捣之；又于其旁至两肋梢各开一掌，如法揉之。准三炷香[二]，日行三次。

四月行功

功掌（满）[三]三月，其中三掌，皆用木槌打；其外二掌，先捣后打。日以三次，功逾百日，气满筋坚，膜亦腾起，是为有验。

〔一〕准香三炷，西谛本作『亦准二香』，其他版本关于香的数量也为『二』。

〔二〕准三炷香，西谛本作『准以二香』，其他版本关于香的数量也为『二』。

〔三〕掌，西谛本等作『满』字，当是。

行功轻重

初用童子，一月已（以）〔一〕后，气渐坚凝，须有力者渐渐加重。切勿太重，或致动火〔二〕；切勿游移，或致伤皮。

用功浅深

初功用揉，取其浅也。次渐加力，是因气坚而增其重，乃是浅也。次功用捣，取其深也。次三用打，打外属浅，振内属深，内外皆坚，方为有得。

两肋分内外

功逾百日，气已盈满，当此之时，切勿用意引入四肢；所揉之外，切勿轻用槌杵捣打。略有引导，则入四肢，即成外勇，不复归行于皮肉间，不成内壮矣。入内之法，乃用石袋。从心口至于两肋、梢骨肉之间，密密捣之，兼用揉法，并用打法。如是久之，则所积充满之气循循入骨。入骨有路，则不外溢，始成内壮。内、外两岐（歧）〔三〕于此分界，急宜审办，〔不令〕〔四〕中间梢（稍）有些杂。如引弓拿拳敲打，轻用力势，一间（开）〔五〕其路，即趋于外，纵加多功，亦不入内。

〔一〕已，据文义，当作「以」字。

〔二〕火，内丹修炼中的「火」指心神，金仙证论：「火者，神也。」动火，谓心神走驰。

〔三〕岐，据西谛本，应为「歧」字之误。释名·释道：「物二为歧。」

〔四〕不令，据西谛本所补。

〔五〕间，据西谛本等，应为「开」字之误。

杵槌式

降真[一]为上，杵长六寸，中径寸半，顶圆微（尾）[二]细。槌长一尺，圆大四寸，把细顶粗，其粗之中略高寸许。高处着肉，两头空间合式。

石袋式

木杵与槌用在肉处，骨缝之间悉宜石袋。石取圆净，四无棱角，大如胡桃，小如榴子，水中者佳。山燥动火，土中郁气，气不宣畅。袋用细布，缝作圆筒，如木杵形。头圆长八寸，次六寸，三五寸。石用半斤，多一斤，最多二十两，分置袋内，以指挑之，挨次扑打。久久行之，骨缝之间，膜皆坚壮。

五月六月七月八月行功法

功至百日，心下两胁旁筋之积已，用石袋打而揉。此处骨肉之交，内壮、外壮于此分界。意切[勿][三]向外导引，精气向骨行。气循行处，遂路而行心口至颈。人自筋梢打至于肩，周而复始，不可倒行。日行三次，香六炷，勿间断。如此百日则气满实，任脉[四]充盈。

〔一〕降真，指降香檀的干木。
〔二〕微，王端履本等作『尾』字，当是。
〔三〕勿，据文义及西谛本等所补。
〔四〕任脉，中医学中奇经八脉之一，与督脉前后相对。

九月十月十一月十二月行［功］〔一〕法

二百日功，气充任脉，再运肾后以充任（督）脉〔二〕。从前之气，已上肩头，自肩自颈，照前打法，兼用揉法。上循玉枕，中至腰脊，下至尾闾，处处打遍，周而复始，不可倒行。脊旁软处，以掌揉之，或可槌打，随便打捣。日行三次，准香六炷。或上或下，或左或右，揉打周遍。如此百日，气满脊厚，督脉充矣。凡打一遍，用手遍搓，令其匀润。

阴阳配合

阳衰多患痿弱虚惫，揉宜童子或用少妇；阳盛阴衰，多患火症，揉亦宜童子，亦用少妇。

下部行功

三百余日，积气已多，任、督充满，乃行下部，令其赏（贯）通〔三〕。任、督会通，气至相接，功有二处：一在睪（睾）〔四〕丸，一在玉茎。在睪（睾）丸者，曰攒，曰挣，曰搓，曰拍；在玉茎者，曰咽，曰捧，曰牵，曰抚，曰握，曰洗，曰束，曰养。其十一（二）〔五〕字，咽、洗、束、养四字除外，

〔一〕功，据文义所补。

〔二〕任脉，西谛本作「督脉」，据上下文及人体经络走向，当是。

〔三〕赏通，西谛本作「贯通」，述古堂本作「通贯」，故此处「赏」字，应为「贯」字之误。

〔四〕睪，同「睾」字。后同。

〔五〕一，据文义，应为「二」字之误。

其余七（八）〔一〕字，用手行功，自轻至重，自松至紧，自勉至安，周而复始，不计遍数。日行三次，准香六炷，百日功成。

凡攒、挣、握、拍、捽、抚，用手行之，次渐轻重。咽者，初行功时，先吸清气一口，默送至胸；次吸一口，送至脐；又吸一口，送下部行功之处，然后行攒、挣等法。握字，努气以至于顶，乃为得力，日以为常。洗以药水，日盈兼洗，通和气血，苍老皮肤。束字，洗毕，用帛作绳，束其根茎，紧松适宜，常伸不屈，功成物壮，久战殊常。先用旧鼎〔二〕时时养之，切戒驰骤，务（毋）〔三〕令惯战。行满百日，弱强揉（柔）〔四〕刚，缩者自长，病者自康。坚御木石，以之鏖战，世无其敌。以之采取，即得玄珠；以之延嗣，则百斯男。

行功禁忌

自上部初功至此，三百有余日，勿多近内〔五〕。百日之内，全宜禁戒；百日功毕，可行一次，以导其滞，向后多同。行下部时，五十一日，日疏放行一次，远旧生新。自此以后，慎加保守，作壮之本，万勿浪用。功成气坚，收放在我，顺施则人，逆用成道。

〔一〕七，据文义，应为『八』字之误。
〔二〕鼎，在内丹理论中指人的身体，『旧鼎』指旧时的身体状态。
〔三〕务，据文义，应为『毋』字之误。
〔四〕揉，据文义，疑为『柔』字之误。
〔五〕内，即『房内』，房事的省称。

下部洗药

将药煎汤温热，缓缓洗之，日一二次，不可断。

地骨皮、蛇床子〔一〕、甘草【各量用】。

用战

精、气、神炼至坚固，作用根基，希仙作佛。人缘未了，用之临阵，要气不外驰，意有所属，则精不外走。

内壮神勇

壮有内外，自行胁肋揉打，气入骨分，任、督充行，尚未见力，何以言勇？盖气不到手，用石袋照前打之。先从右肩以次打下，至于右手中指背，又从肩前打至大、食二指之背，又行肩后打至无名、小指之背，又从肩里打至掌内大、食二指之梢，又从肩外打至掌内中指、无名、小指之梢。打毕，用手处处搓擦揉，令其匀和。日以六次，分行三次，时用荡洗，以疏气血。功满百日，其气始透。乃行左手，仍用前法，功亦百日，则从骨中生出神力。久久加功，臂腕、指掌迥异寻常，以意努之，硬如铁石。牛腹、牛头，并指侧掌，可贯可断；拳碎虎脑，特小技耳。

〔一〕蛇床子，中药名，具有燥湿祛风、杀虫止痒、温肾壮阳的功效。

炼手余功

炼手之际，用功之后，常以药水荡洗。初温次热，后大热，自掌反（及）〔一〕腕皆遍洗。洗完勿拭，摆散两手，以意努气，至于指尖，是生力法。以黑、录（绿）〔二〕二豆装筒内，以手时擦（插）〔三〕，不记遍数，能除火力，坚老皮肤。如此工久，所积之气，两手力充气足，皮肉、筋骨与膜相着于骨，坚而不软。不用如常，如或用之，注气努力，坚如铁石。此力从骨生出，与世不同。内外之法，看筋可验。内壮之功，筋脉调畅，皮肉细腻，为力极重；外壮之功，皮肤粗老，掌腕周身实实是筋，蟠〔四〕结于外，浮在面皮。

内壮神力【八段锦】〔五〕

内壮既热（熟）〔六〕，骨力坚凝，然后引外功，染（概）〔七〕八法：提、举、推、扯、揪、按、抓、坠。努行之各三遍，周而复始，不记遍数。日行三次，每次六香，久久功成，力充周身。用时照法，力可扛鼎。

〔一〕反，据文义及西谛本等，应为『及』字之误。

〔二〕录，据文义及西谛本等，应为『绿』字之误。

〔三〕擦，据文义及西谛本等，应为『插』字之误。

〔四〕蟠，盘曲。广雅·释诂一：『蟠，曲也。』

〔五〕内壮神力【八段锦】，西谛本、来章氏本作『外壮神力八段锦』，述古堂本作『外壮神勇八段锦』。八段锦，属于导引术的一种，其名最早见于西晋葛洪的神仙传卷五。

〔六〕热，据西谛本等，应为『熟』字之误。

〔七〕染，据西谛本等，应为『概』字之误。概，梗概，大略。引申为总括之意。史记·伯夷列传：『其文辞不少概见。』

八法之要，遂（逐）〔一〕字单行，以次相及，更为精专。

神勇余力

内外两全，方称神勇，常宜演炼。择茂林中，或槌或抱，推扯踢拔，取其精气。但大林中，土气生旺，努以生力，不懈成功。又于山中挺立大石秀润完美，亦如上法。盖木与石，天地英气，取之有益。

金刚三昧坚固地实义终

辛丑岁，天子一统。余游海岱、长白，遇羌人，止而饮。因问所之，对曰：『访师耳。』问：『何长？』曰：『勇耳。』谓试以腹。乃以木石令壮士击之，若罔知也；又以苇（韦）〔二〕带系其睪（睾）丸，缀以牛车之轮，压以巨石，拽轮而走，若驰也；又击其双足，令壮士拽之，不移。众骇曰：『天欤？人欤？』曰：『人也，非天也。』究其用，曰：『却病一，永无疾病二，终身壮健三，饥寒不迫四，多男五，御女百胜六，泥水探珠七，御侮八。功成不退，凡此皆小用耳。九，作佛之基，乃其上也。』因授一册，嘱秘勿泄。焚香竟读，方知神勇生于积气，易筋全在功夫。五十余年拘泥于理，不知理外

〔一〕遂，据西谛本，应为『逐』字之误。

〔二〕苇，据文义，应为『韦』字之误。韦，经去毛加工制成的柔皮，古代有『韦编三绝』之说。

别有天地。中华异书皆灰于秦火，吾恐是经也纵向无是地，亦非中土人之所易窥也！

康熙己酉[一]冬月紫凝道人识于古肃然山之白云涧[二]

少林拳棒枪刀谱卷八全终

〔一〕康熙己酉，即一六六九年。

〔二〕本谱『紫凝道人跋』与王端履本『海岱游人序』内容相近，然王端履本题为『中统元年秋九月』，即一二六〇年。